Eind goed

In deze serie verscheen eerder:

Heilige strijd, door Beatrice de Graaf
Van Migrant tot naaste, door René de Reuver, Dorottya Nagy e.a.
De wil tot vrijmoedigheid, door Gert Noort

THEO BOER

EIND GOED

Een protestantse kijk op euthanasie in Nederland

KokBoekencentrum Uitgevers • Utrecht

Dit boek verschijnt in opdracht van de Protestantse Kerk in Nederland.

Protestantse
Kerk

www.kokboekencentrum.nl

Ontwerp omslag en binnenwerk: Studio Mol

ISBN 978 90 435 3708 7
ISBN 978 90 435 3709 4 (e-book)
NUR 646

KokBoekencentrum Uitgevers vindt het belangrijk om op milieuvriendelijke en verantwoorde wijze met natuurlijke bronnen om te gaan. Bij de productie van het papieren boek van deze titel is daarom gebruikgemaakt van papier waarvan het zeker is dat de productie niet tot bosvernietiging heeft geleid.

Inhoud

1. Inleiding

Het jaarthema 2020-21 van de Protestantse Kerk in Nederland luidde 'Het goede leven'. Het is in dat kader dat ik ben uitgenodigd om dit essay te schrijven. Een goed leven en een goed sterven hebben alles met elkaar te maken. Onzekerheid of de laatste dagen, weken of maanden van je leven misschien niet verschrikkelijk gaan worden, kan een permanente schaduw op je levensvreugde werpen. Wie vertrouwt dat het einde goed zal zijn, ziet de jaren die daaraan voorafgaan positiever in. Voor veel mensen is euthanasie of de mogelijkheid om daar gebruik van te maken synoniem geworden met dat goede einde.[1]

Noodzaak om te blijven nadenken...

Toen ik in 2018 voorbereidingen trof voor een onderzoeksproject over de ethische aspecten van euthanasie, was een van de reacties: 'Euthanasie, dat weten we toch inmiddels wel?' Ik kwam die houding in de afgelopen

---

1 In Nederland zijn euthanasie en hulp bij zelfdoding in één wet geregeld. Tenzij een onderscheid op zijn plaats is, staat in dit essay de term 'euthanasie' voor zowel het één als het ander. Waar zij historisch, theologisch en ethisch sterk op elkaar lijken, gaat het in dit essay ook over zelfdoding zonder dat iemand daarbij hulp ontvangt.

jaren vaker tegen. 'Ach weet u,' voegde een predikant mij amicaal toe, 'we weten toch allemaal dat tegenwoordig geen zinnig mens meer tegen euthanasie is?'

Inderdaad zullen sommigen zich bij dit essay afvragen of het zin heeft om op het thema 'euthanasie' dieper door te steken. Zij hebben in meerdere opzichten gelijk. Nederland heeft er al 35 jaar gereguleerde euthanasie op zitten en de euthanasiewet is al weer twintig jaar oud. Voorlopers van de Protestantse Kerk, hun theologen en hun artsen pleitten een halve eeuw terug al voor euthanasie. Voor veel mensen is euthanasie een gevestigde praktijk geworden, net zoals het dragen van autogordels en rookvrije publieke ruimtes dat zijn. Op sommige plaatsen vindt vijftien procent van de overlijdens plaats door middel van euthanasie. Ethische discussies lijken sleets te zijn geworden en de discussies die er zijn, gaan hooguit nog over de rafelranden: voltooid leven, gevorderde dementie, psychiatrie, kindereuthanasie. Dat inmiddels ook sommige andere landen stappen zetten tot het legaliseren van stervenshulp, bevestigt voor velen de juistheid van de Nederlandse weg.

Toch moeten we juist als het over leven en dood gaat vanzelfsprekendheden wantrouwen. Vanuit het Openbaar Ministerie en rechtsgeleerde kringen – zie het recente boek *Staat en taboe* van Paul Frissen – wordt benadrukt dat euthanasie met recht en reden onderdeel is van het Wetboek van Strafrecht.[2] Euthanasie mag dan

---

2 Paul Frissen, *Staat en taboe. Politiek van de goede dood*. Breda/Amsterdam: Paul Frissen/Boom 2018; Marten van de Wier, 'Rinus Otte: euthanasie moet een tobberig thema blijven', *Trouw*, 28 juli 2021.

in sommige regio's vaak voorkomen, op andere plaatsen in Nederland blijft het een uitzondering. Niet iedereen is gerust op de zorgvuldigheid bij euthanasie: uit een NPV-enquête blijkt dat één op de negen Nederlanders bang is dat euthanasie hun ongevraagd zal overkomen.[3] Nabestaanden ervaren gemengde gevoelens bij de euthanasie van een geliefde, ook als die dood zeer gewenst was.[4]

Ook artsen blijven euthanasie emotioneel lastig vinden.[5] In een recent artikel in het artsenblad *Medisch Contact* bepleit huisarts in ruste Wim Graafland, die eerder uitgebreide ervaring met euthanasie opdeed, voor minder medische bemoeienis bij actieve levensbeëindiging.[6] In reactie daarop schreef een andere huisarts: 'Ik heb jarenlang als huisarts gewerkt en verschillende malen euthanasie verleend. Tevens ben ik jarenlang SCEN-arts geweest. Na bijna 15 jaar ben ik daarmee gestopt omdat ik de druk op de huisarts en de SCEN-arts steeds groter zag worden, de wens van patiënt en familie soms dwingend en de autonomie van de patiënt belangrijker dan die van de arts. Omdat er steeds meer aanvragen

---

3 Robert Röling en Natalia Valk, *Digitale peiling levenseinde*. Amsterdam: Direct Research 2020, https://bit.ly/3gDLxb9.

4 Theo Boer, Stef Groenewoud en Wouter de Jonge (red.), *Leven met euthanasie. Geliefden vertellen over hun ervaringen*. Utrecht: KokBoekencentrum 2021.

5 KNMG, *Uitkomsten belevingsonderzoek*. Utrecht: KNMG 2014.

6 Wim Graafland, 'Stop euthanasie en maak ruim baan voor hulp bij zelfdoding'. *Medisch Contact*, 26 augustus 2021, https://bit.ly/3mMT9w3.

kwamen van mensen die vonden dat hun leven voltooid was en die zich niet in een terminale fase van een ziekte bevonden vond ik het steeds lastiger worden zulke situaties goed te beoordelen. Vaak heb ik gedacht: waarom moet een dokter dit doen? Ik kon me vaak wel inleven in het feit dat men niet verder wilde maar dacht dan: ik zou zelf dat leven niet kunnen beëindigen. Het is veel meer een maatschappelijk dan een medisch probleem.'[7] Deze moeite verklaart mede waarom zo veel artsen patiënten met een euthanasiewens naar het Expertisecentrum Euthanasie zijn gaan doorverwijzen.

Internationaal blijft Nederland een buitenbeentje. Euthanasie is toegestaan in de Beneluxlanden, Colombia, Canada, West-Australië, Nieuw-Zeeland en Spanje, hulp bij zelfdoding in Zwitserland en in een tiental Amerikaanse staten. In de resterende 185 landen is stervenshulp nog steeds illegaal.[8] Op protestantse verklaringen in Nederland, België en Canada na benadrukken kerken wereldwijd het blijvend problematische karakter van actieve levensbeëindiging. De Rooms-Katholieke Kerk heeft nooit enige twijfel laten bestaan over haar afwijzing van elke vorm van actieve levensbeëindiging. En dat een aantal landen bezig is om stervenshulp wettelijk te regelen, betekent niet dat Nederland zich op de borst kan kloppen: alom waarschuwt men voor 'het Nederlandse voorbeeld' en is er sprake van veel striktere cri-

---

7 Huisarts in ruste Jeannette van Andel in ibid.

8 In naar schatting nog een tiental landen zijn procedures gaande om actieve levensbeëindiging legaal te maken.

teria voor stervenshulp: de aanwezigheid van een terminale lichamelijke aandoening, een verplicht consult met een palliatieve dokter en de eis dat de patiënt het dodelijke middel zelf tot zich neemt, om er enkele te noemen.

Niettemin functioneert de normaliteit van euthanasie bij sommigen als een autoriteitsargument, vergelijkbaar met het Schriftberoep van weleer. Kan de Bijbel dwalen? Kunnen zo veel verlichte burgers het bij het verkeerde eind hebben? Zonder dat laatste te willen beweren, moet gezegd dat euthanasie in de beeldvorming wel wat erg vanzelfsprekend is geworden.[9] Dat we discussies over euthanasie inmiddels te boven zijn, dát zou juist een veeg teken zijn. Levendige discussies geven juist enig vertrouwen dat ook een land dat euthanasie legaal maakt, ethisch scherp kan blijven.

Maar laat ik op dit punt helder zijn: dit is geen pleidooi om euthanasie terug te draaien. De euthanasiewet is een product van democratische besluitvorming. Zij biedt artsen rechtszekerheid en patiënten bescherming. Euthanasie kan een goede oplossing zijn. In mijn tijd in een Regionale Toetsingscommissie Euthanasie raakte ik onder de indruk van het lijden van patiënten en van de integriteit van hun dokters. Niemand vraagt zomaar om euthanasie. Wie de documentaire *Levenseindekliniek*

---

9 In het boek *Lof der onvolmaaktheid. Waarom zelfbeschikking niet genoeg is om goed te leven en te sterven* (Utrecht: Ten Have 2015) constateert Gerbert van Loenen in zijn analyse van tientallen mediaproducties over euthanasie een klinkende armoe aan kritische vragen over euthanasie.

ziet en daar de euthanasie bij de heer Vervloet nog eens nader bekijkt, weet wat ik bedoel.[10] En op de bespreekbaarheid van euthanasie in de pastorale praktijk moet evenmin iets worden afgedaan: openheid voor welk verzoek dan ook is een *sine qua non* voor een goede pastorale relatie en kan helpen bij de besluitvorming. Vandaar dat er momenteel promotieonderzoek wordt verricht naar ervaringen en *best practices* bij euthanasieverzoeken in het pastoraat.[11]

Toch wil ik hier de vanzelfsprekendheid van euthanasie theologisch en ethisch van vraagtekens voorzien. Theologisch ontkom je er niet aan om euthanasie te zien als een laatste redmiddel. En omdat dat zo is, blijft het van belang om te zoeken naar andere manieren om waardig of waardiger te sterven; blijft het van belang na te denken over wat de metafoor van het leven als gave betekent voor ons beschikken erover; blijft het belangrijk om te zoeken naar theologische bronnen van troost; blijft het nodig om de actualiteit van het zesde gebod te erkennen; en moeten we ons de vraag stellen of ons beeld van een leefbaar leven niet gaandeweg zo is versmald dat het ons vermogen tot *coping* ondermijnt in plaats van versterkt.

---

10 Hans Kema en Marcel Ouddeken, *Levenseindekliniek*. Hilversum: NPO 2016, http://bit.ly/3myzAaD.

11 Wim Graafland, 'De pastor en euthanasie'. PhD-project aan de Protestantse Theologische Universiteit Groningen, 2019-2022.

... maar wel twee keer: theologisch en maatschappelijk

In zijn boek *Waakzaam en nuchter* geeft ethicus Gerrit de Kruijf een moderne versie van de aloude tweerijkenleer. Gelovige mensen zijn onderdeel van twee realiteiten tegelijk. Als burgers zijn zij politiek en sociaal actief, als gelovigen en gedoopten horen ze bij de gemeenschap van de kerk.

Voor de ethische methodiek die daaruit volgt, gebruikt De Kruijf de term 'twee keer denken': smal en breed.[12] *Smal* denken betekent zoeken naar wat wij in een plurale maatschappij aan waarden en belangen delen. Dat levert overeenstemming op over mensenrechten, vrijheden en plichten. Vaak geeft de mening van de meerderheid de doorslag, maar op voorwaarde dat minderheden gerespecteerd worden en kwetsbare mensen bescherming krijgen. Een meerderheid mag niet besluiten om een minderheid rechteloos te maken.

Breed denken, het tweede niveau, gebeurt vanuit een levensbeschouwelijk perspectief. Dat kan voor de sociaaldemocraat een socialistisch perspectief en voor de liberaal een libertijns perspectief zijn. Voor de christen is breed denken theologisch denken, uitgaand van de overtuiging van God als gever van het leven en als liefhebbende onderhouder van de schepping.

De beeldvorming die dit niveau soms aankleeft, is dat hier vooral dingen *niet* mogen en dit dus eigenlijk een

---

12 Gerrit de Kruijf, *Waakzaam en nuchter. Over christelijke ethiek in een democratie*. Baarn: Ten Have 1994.

vorm van smal denken is. In één opzicht zit daar wat in: gelovigen mogen niet meer dan in de rechtsregels van een land is toegestaan. Stel je voor dat zij met de Bijbel in de hand dingen zouden doen die wettelijk verboden zijn. Bijvoorbeeld minder beschermwaardigheid aan een mensenleven toekennen in plaats van meer. Zodra een religie die kant op denkt, gaat er iets mis. Tegelijk is op dit niveau juist ruimte voor een inhoudelijker omgang met het euthanasievraagstuk en dat is, gezien wat er bij leven en dood op het spel staat, nodig, relevant en spannend. De christelijke ethiek gaat over 'meer dan het gewone', niet minder.[13]

Een van de misverstanden over dat eerste denken is dat christenen daar met tegenzin aan deelnemen omdat zij de macht met andersdenkenden moeten delen. Inderdaad zijn er vast wel christenen die dromen van een theocratie. De Kruijf is hier helder over: niet op deze aarde. Smalle ethische reflectie in het ondermaanse doe je uit volle overtuiging. Het zoeken naar verbinding, het sluiten van compromissen en het geven van ruimte aan diverse visies is een theologisch gelegitimeerde opdracht.[14]

---

13 Feitse Boerwinkel, *Meer dan het gewone. Over Jezus en zijn bergrede*. Baarn: Ambo 1977.

14 In het onderzoeksproject Moral Compass dat bij de PThU gaande is en waar dit essay deels een vrucht van is, is dat het uitgangspunt: ook buiten gelovige denkkaders morele waarheid vinden en normatieve allianties aangaan. Zie https://bit.ly/3zrFEW8.

In dit essay pas ik dat twee keer denken toe op euthanasie. Theologisch is er reden tot terughoudendheid over het zelfgekozen levenseinde. 'God' zeggen in de ethiek heeft nu eenmaal implicaties voor onze autonomie. Maar dat nadenken moet bevrijd worden van het spook dat 'terugdraaien van de wet' heet. De realiteit is dat er een euthanasiewet bestaat waaraan lange discussies zijn voorafgegaan. In het smalle denken respecteer en bescherm je de vrijheid van anderen om keuzes te maken die de jouwe niet zijn.

Toch betekent dit gelaagde denken over ethiek niet dat het maatschappelijke gesprek over euthanasie overbodig is. 'Wij zijn niet van onszelf, wij zijn van elkaar,' zegt Christa Anbeek in reflectie op enkele moeilijke ervaringen met zelfdoding.[15] Keuzes over een zelfgekozen levenseinde zijn nooit puur individueel. Een patiënt mag nog zo autonoom zijn of pretenderen te zijn, maar vraagt wel van de arts dat die de euthanasie verricht. Ook iemands naasten kunnen een rol spelen bij een euthanasieverzoek: denk aan de vele aanmeldingen bij het Expertisecentrum Euthanasie die door familieleden worden gedaan. Naasten kunnen ook emotioneel getroffen worden door een euthanasie. Bovendien gaan van de euthanasiewet maatschappelijke signalen uit. Niet alleen is de overheid het tot op zekere hoogte met burgers eens dat er voor sommige vormen van lijden onvoldoende verlichting bestaat, maar ook onthoudt

---

15 Christa Anbeek, 'Hoe we niet van onszelf zijn', in: Gerbert van Loenen, *Lof der onvolmaaktheid*, 7-10.

zij andere burgers het recht om een andere definitie van 'ondraaglijkheid' te hanteren. Wie een doodswens heeft maar niet ziek is, wordt naar de suïcidepreventie verwezen, en wie zo iemand hulp bij zelfdoding biedt, kan op een gerechtelijke vervolging rekenen. Wanneer de voorstanders van een voltooid leven-wet hun zin krijgen, blijft deze ongelijkheid op een ander niveau voortbestaan: mensen jonger dan 75 jaar met een persistente doodswens krijgen nog steeds nul op het rekest, terwijl mensen van 75 en ouder het signaal krijgen dat de maatschappij met hun overlijden geen moeite zal hebben.

Linksom of rechtsom zendt elke wet die stervenshulp legaliseert dus signalen uit dat sommigen wel, en anderen niet mogen sterven.[16] Waar het gaat om de smalle moraal, neig ik daarom eerder naar een nog grotere vrijheid. Voorwaarden daarbij zouden hooguit zijn dat iemand zijn stervenswens zelf effectueert, dat er voldoende waarborgen zijn dat het niet om een bevlieging gaat, en dat zeker is dat die wens volledig van de persoon zelf afkomstig is.[17] Hoewel elke doodswens tragisch is – persoonlijk zou ik alles doen om iemand van zo'n voornemen af te houden –, wordt daarmee tenminste voorkomen dat de maatschappij aan bepaalde mensen het

---

16 Kevin Yuill, *Assisted Suicide: The Liberal, Humanist Case Against Legalization*. Basingstoke: Palgrave Macmillan 2013.

17 Vgl. Graafland, 'Stop euthanasie en maak ruim baan voor hulp bij zelfdoding'; Theo Boer, *Vrij om te sterven. Nederland, religie en het zelfgekozen levenseinde*. Groen van Prinstererlezing 2016. Amersfoort: Wetenschappelijk Instituut van de ChristenUnie 2016.

signaal afgeeft dat hun leven minder beschermwaardig is dan dat van anderen.

Maar dit is een theologisch, nader omschreven, een protestants essay. Daarin wil ik zoeken naar wat de Bijbel ethisch gesproken over het zelfgekozen levenseinde zegt en zoeken naar hoe euthanasie zich verhoudt tot een bijbelse antropologie. Wat zijn de ethische implicaties voor wie zeggen dat het leven hun door God is gegeven? Hoe interpreteren we het gebod 'gij zult niet doden'? Wat betekenen afhankelijkheid en verval van krachten voor ons menszijn? Wat kan het geloof bijdragen aan hoop en uithoudingsvermogen? En zou je het vanuit christelijk perspectief niet een keer mogen opgeven?

2. Het euthanasieverzoek als hulpvraag

Een euthanasieverzoek doe je niet zomaar: er ligt een dringende en existentiële hulpvraag. Aan die vraag kunnen twee aspecten worden onderscheiden: de omstandigheden zijn zo dramatisch dat iemand niet langer wil leven, en er is sprake van een hulpvraag bij de uitvoering.

Een hulpvraag bij de uitvoering

Je hoort soms zeggen dat dokters een euthanasieverzoek simpelweg dienen te respecteren en uit te voeren. Daar zijn ze voor opgeleid, zou je zeggen, net zoals zij bevallingen begeleiden, operaties verrichten en niet bang zijn voor bloed of intieme persoonlijke verhalen. Als een arts een euthanasieverzoek negeert of de uitvoering voor zich uit schuift, is er vaak verontwaardiging bij een patiënt en zijn naasten: waarom ontduikt de dokter zijn verantwoordelijkheid?[18]

Paradoxaal genoeg is de reden waarom sommigen vinden dat een arts 'niet moeilijk moet doen' dat zijzelf die handeling om wat voor reden evenmin aankunnen. Voor sommigen is het misschien eenzelfde soort af-

---

18 Boer, Groenewoud en de Jonge (red.), *Leven met euthanasie.*

hankelijkheid van een professional als wanneer je een monteur vraagt om naar een apparaat of naar je auto te kijken: je zou het zelf wel willen doen maar je hebt er geen ervaring mee, hebt er de tijd niet voor, mist de instrumenten, en je zou niet weten wat te doen als er iets fout gaat. We zouden dit een 'technische' hulpvraag kunnen noemen.

Maar wie om euthanasie vraagt, verlangt meer dan dat de dokter een ingewikkelde handeling voor je verricht. Het verzoek is ook een vraag om nabijheid en wijsheid. 'Het ís nogal wat om zelf je leven te beëindigen' is bepaald een *understatement*, maar het duidt aan waar we het over hebben. Je kunt het maar één keer doen en het is onomkeerbaar. Weet je het echt zeker? Moet je niet toch nog wachten? Hoe zit het met de uitvoering: is het eng, kan er iets misgaan, en wat zijn dan de effecten voor mijzelf en mijn geliefden? En wat als ik gestorven ben: is er iets na het leven, en heeft dat te maken met de manier waarop ik gestorven ben? Zoals je op wel meer momenten anderen vraagt om je bij te staan – een getuige bij een huwelijk, een paranimf bij een promotie, een geliefde bij de bevalling – kan de betrokkenheid van een arts bij euthanasie het verschil maken tussen wel en niet, tussen aarzelen en doen, tussen angst en geruststelling.

De dokter is dus meer dan een techneut. Zij is voor velen de belichaamde betrouwbaarheid. Zij helpt mensen om goed te leven, infecties te voorkomen, ziekten te herkennen en te behandelen, het leven aan te kunnen, ongewenste zwangerschappen te voorkomen en gezinnen te vormen. Zij staat paraat als zich een levensbedreigende ziekte aandient, en zij mag als een van de weinigen aan je komen. Net als een geestelijke heeft ook de arts iets priesterlijks: zij heeft niet alleen de sleutel van de medicijnkast maar ook de sleutel tot een goede dood. 'Wat er nu komt, weet niemand,' zegt de arts in een documentaire uit 2003, 'maar ik ben er zeker van dat er straks een hoop goeds op u af zal komen.'[19] Het klinkt vertrouwenwekkend. Stemt een arts in met levensbeëindiging, dan geeft dat geruststelling, en persoonlijk zorgdragen voor een goede uitvoering is misschien wel de meest overtuigende vorm van instemming.

Misschien is er behalve wijsheid en nabijheid nog iets wat we in een dokter zoeken: moed. Opnieuw: het ís nogal wat om je eigen leven te beëindigen. Menigeen zal het misschien zelfs nooit durven, al kreeg hij de middelen op een presenteerblaadje aangereikt.[20]

Tegelijk zullen sommigen tegenwerpen dat zij persoonlijk inderdaad geen dokter nodig hebben, maar dat deze nu eenmaal het monopolie bezit. De Euthanasiewet staat te boek als een dokterswet die primair artsen beschermt en niet de rechten van patiënten regelt. In de VS doen ze het anders: daar schrijft de dokter een recept uit en mag de patiënt ermee naar de apotheek als het hem uitkomt. Een Amerikaanse arts mag niet doden en

---

19 Rob Hof, *Regie over eigen leven en sterven, Deel 1: Een gewenste dood*, Hilversum: NCRV 2003. Documentaire.

20 Vgl. Theo A. Boer, '"God" en euthanasie. Een persoonlijk theologisch commentaar', *Tijdschrift voor Gezondheidszorg en ethiek* 17, 3 (september 2007), 62-66.

mag zelfs niet aanwezig zijn als de patiënt het middel inneemt. Sommigen hebben misschien een voorkeur voor dat systeem, zeker als je bedenkt dat ze je daar niet eens vragen of je wel ondraaglijk lijdt. Toch zijn de cijfers in landen waar dokters de handeling verrichten opmerkelijk genoeg stukken hoger dan in landen die alleen hulp bij zelfdoding hebben geregeld. Vergelijk bijvoorbeeld Nederland met de Amerikaanse staat Oregon, die inmiddels een kwart eeuw ervaring met stervenshulp heeft. Terwijl in 2020 in Nederland 4,5% van de mensen overleden door euthanasie, stierven in Oregon in datzelfde jaar 0,6% van de mensen met gebruikmaking van een doktersrecept. Dat is een factor 8 minder. Het lijkt er dus op dat een grotere betrokkenheid van de dokter de keuze voor het zelfgekozen levenseinde makkelijker maakt.

Dat die centrale rol van de arts voor velen de voorkeur heeft, zie je ook aan de Nederlandse cijfers zelf. Ook hier bestaat immers, naast euthanasie, de mogelijkheid om je leven met hulp van een arts zelf te beëindigen. (Al moet die in onderscheid tot de VS wel bij de levensbeëindiging aanwezig zijn.) Ooit werd verwacht en bepleit dat steeds meer mensen voor die route zouden kiezen.[21] Maar het tegendeel gebeurde: het aandeel

---

21 Zo bijvoorbeeld de bekende euthanasievoorstander Eugène Sutorius: 'Ik ben er voorstander van om de dood met de naald alleen te reserveren voor die zeer, zeer, zeer schaarse gevallen waarin de lijdende patiënt echt niet – of echt niet meer – in staat is zijn leven zelf te beëindigen,' in: Gonnie ten Haaft en Aldert Schipper, 'Sutorius de spraakmakende', *Trouw*, 6 mei 1995.

hulp bij zelfdoding daalde tussen 2002 en 2020 van 10% naar 3,4% van alle meldingen.[22] Voor het feit dat bij de andere 96,6% de arts de levensbeëindiging uitvoert, zijn allereerst praktische redenen: de dood treedt sneller in en de kans op complicaties is kleiner. Maar één reden is ongetwijfeld dat men in de dokter die vertrouwde, wijze en in dit geval ook moedige medestander ziet, zonder wie men misschien niet eens tot levensbeëindiging zou zijn overgegaan.

De paradox van de doodswens

Maar wat vraagt iemand nu ten diepste als hij om euthanasie vraagt? Dit is een tweede aspect van het euthanasieverzoek als hulpvraag. Expertise, wijsheid, hulp om wát? Laten we het meest voor de hand liggende antwoord eens bekijken: 'Om niet meer te leven.' De vraag die filosofen door de tijden heen bezighoudt, is echter deze: is het logisch mogelijk om te wensen niet te bestaan?

Om de dood te beschrijven – niet het dood gaan maar het dood *zijn* – gebruiken we termen als 'rust', 'thuiskomen', 'weerzien met geliefden' en 'naar de hemel gaan'.[23] Een van de nadelen van het gebruik van deze beelden

---

22 Regionale Toetsingscommissies Euthanasie, *Jaarverslag 2002*. Den Haag 2003; Regionale Toetsingscommissies Euthanasie, *Jaarverslag 2020*. Den Haag 2021.

23 Voor een uitgebreidere hermeneutiek van de doodswens, zie Paul van Tongeren, *Willen sterven. Over de autonomie en het voltooide leven*. Utrecht: Kok 2018.

is dat we hier wetenschappelijk gesproken niets over weten. Je kunt vurig op die toekomst of dat weerzien hopen en er diep in geloven maar het blijven geloofs-aannames.[24] Ook om een andere reden mogen opvattingen over een hiernamaals ons niet afleiden van de hulpvraag. Die is namelijk geen vraag om dood te zijn (opnieuw, we weten niet wat dat is) maar een vraag dat *dit* leven stopt. Ik ga hier voor alle eerlijkheid uit van de intuïtie dat er maar erg weinig mensen zullen zijn bij wie een actieve doodswens niet voortkomt uit ernstig lijden in combinatie met een tekort aan positieve ervaringen. Dat iemand zomaar dood wil – sommigen beweren dat dat kan – lijkt me uiterst onwaarschijnlijk. Als het erop aankomt, moet het huidige bestaan je toch echt buitengewoon zwaar vallen wil je er definitief mee gaan stoppen.

Maar wat is dat: willen dat je leven stopt, anders dan dat het zó niet meer verdergaat? Allerlei beelden komen me in gedachten. De oudere man met wie ik had afgesproken op een terras op het dorpsplein van Houten. Je zag hem zijn 82 jaar niet aan. 'Ik heb het helemaal met dit leven gehad,' zei hij. 'Jarenlang heb ik in de communicatie gewerkt. Dat is mijn lust en mijn leven. Maar waar ik ook solliciteer, ik word nergens meer uitgenodigd. Ik heb een keer over mijn leeftijd gelogen, maar zodra ze mijn papieren zagen, viel het doek.' Ik vroeg waarom hij zich, met de vele energie die hij nog had, niet nuttig

---

24 Die gedachte heb ik verder uitgewerkt in Boer, *Vrij om te sterven*, 17vv.

maakte in vrijwilligerswerk. 'Dat is mijn eer te na,' antwoordde hij. 'Als de samenleving echt waardering voor mij heeft, moet men ook bereid zijn om mij er loon voor te betalen. Ik heb inmiddels de nodige maatregelen getroffen om er een einde aan te maken. Op deze manier afgeserveerd worden is mij te min.'

En ik denk aan die mail van een anonieme afzender. Een bitter relaas vol scheldwoorden. Hoe ik durfde zijn autonomie te betwisten. Ik besloot terug te schrijven en door te vragen en er volgde een uitwisseling van meer dan honderd e-mails. Na een heel aantal mails kwam het hoge woord eruit. Enkele jaren geleden had deze man een geslachtsaanpassende operatie ondergaan. Een half jaar daarna kwamen de spijt en de paniek. 'Ik behoor geen vrouw te zijn. Ik behoor een homoseksuele man te zijn. Nu zit ik in een traject van de Levenseindekliniek.' Ik bezocht hem thuis. De man leeft nog steeds, zwevend tussen hoop en vrees.

Een psychiater die sympathiek staat tegenover euthanasie bij psychisch lijden meldde via Twitter dat ik niet weet waar ik het over heb en verweet mij een gebrek aan barmhartigheid. Wat begon als een serie tweets ontwikkelde zich tot een persoonlijk contact. Bij een van die gesprekken was een jonge man die zich in een euthanasietraject bevond. Hij vertelde zijn levensgeschiedenis. Een aaneenschakeling van ellende en trauma's, merkwaardig genoeg afgewisseld door ontspanning en kwinkslagen. Maar het deed me wat om zo iemand tegenover mij te hebben zitten, met wie je grapjes maakt en ervaringen uitwisselt, en van wie je weet dat hij het bestaan waarin hij zich bevindt op korte termijn gaat inleveren.

Maar er zijn ook mensen die aan de rand van de dood stonden en bij wie de euthanasie al was gepland, maar die toch een weg omhoog vonden. Een arts die meermaals euthanasie verricht had, vertelde dat een patiënt op basis van jarenlang ernstig psychiatrisch lijden een acute doodswens had. Doorleven was een marteling: elke dag wakker worden en je realiseren dat je er nog bent, de dag lang worstelen met angsten en wanhoop. Medicatie hielp niet. Voor wie de website van de euthanasiecommissies (RTE) wel eens bezoekt, is dat geen onbekend beeld.[25] Toen kwam er een *gamechanger*. Op een dag kreeg hij onverwacht een grote geldsom. Met dit bedrag als startkapitaal besloot hij om samen met zijn partner een bedrijf op het gebied van dierenwelzijn op te richten. Zijn arts: 'Hij heeft het sindsdien nooit meer over die doodswens gehad.'

Een andere arts berichtte over een man met autisme die een duurzame doodswens had. Toen deze man op een dag onverwacht de liefde van zijn leven ontmoette, besloot hij zijn doodswens op te schorten. Toen zijn partner na twintig gelukkige jaren overleed, werd de euthanasiewens alsnog geëffectueerd.

En ik denk aan de Belgische zedendelinquent die om euthanasie verzocht had. Hoewel hij het eens was met zijn tbs-beschikking (hij erkende dat hij een gevaar was),

25 Zie https://www.euthanasiecommissie.nl/uitspraken-en-uitleg/themas/oordelen.

was het vooruitzicht van vele jaren opsluiting voor hem een vorm van ondraaglijk lijden. Een arts had al akkoord gegeven. Naar aanleiding van de ophef over de geplande euthanasie regelde het Ministerie van Justitie voor deze man en enkele anderen alsnog een sterk verbeterd regime: opsluiting met meer vrijheid en een eigen moestuin. Toen ik hem aan het eind van een uitgebreide mailwisseling persoonlijk opzocht, hoorde ik hem vanachter een vier meter hoog hek enthousiast roepen: 'Theo!' Het ontroerde me. De man was bijna dood geweest vanwege het leven dat hij vreesde.

Verhalen als deze illustreren dat veel patiënten niet vragen om een einde aan hun leven, maar om een einde aan *dit* leven. Maar het zijn wisselende verhalen: sommigen houden het zelfs met de grootste erfenis en de liefste partner niet meer vol. Hun ziekte of andere lijdensoorzaak is zo dominant en permanent dat deze elke positiviteit overschaduwt. Zoals één verbetering iemand met een doodswens weer aan een hernieuwde levenswil kan helpen, zo kan één ernstige lijdensoorzaak iemand elke wil tot doorleven ontnemen.

Als tiener maakte ik een klassenreis naar Londen. Op de overtocht naar Hoek van Holland stormde het en veel passagiers werden zeeziek. Op advies van een zorgzame klasgenoot ging ik aan dek zitten en hield mijn blik gericht op de horizon. Snel genoeg maakte iemand van de bemanning hier een einde aan: 'Meneer, ik moet u verzoeken om naar binnen te gaan. Sommige passagiers voelen zich zo hondsberoerd dat ze van wanhoop overboord springen. Dat risico willen wij u niet laten lopen.'

Hoe tegengesteld de adviezen van deze twee hulpverleners ook waren, over dit waren zij het eens: een mens kan soms volledig opgaan in die ene aandoening.

Als iemand samenvalt met zijn hulpvraag

Het uitgangspunt van elke hulpverlening is dat iemand met een hulpvraag serieus wordt genomen. Maar een cliënt, patiënt of pastorant is meer dan zijn hulpvraag. Het is de taak van de hulpverlener om die kluwen te ontwarren. Een mens doet al vroeg in zijn leven de ervaring op dat één aandoening voldoende kan zijn om het hele leven ondraaglijk te maken. Pijn heeft de neiging om uit te stralen en te domineren. Eén ontstoken kies en je hele hoofd doet pijn. Hulpverleners proberen inzicht te krijgen in iemands eigenlijke hulpvraag. Ze weten dat iemand zo door zijn lijden kan worden bepaald dat dat levensbedreigend wordt en ze zullen onder normale omstandigheden steeds zoeken naar een horizon die kan helpen om de moed niet te verliezen en de hoop te hervinden.

Maar bij professionaliteit hoort ook de erkenning dat die horizon er soms niet is. Dat het over is en uit. Dit jaar stierf mijn broer na een kort ziekbed. Doodziek door de uitzaaiingen van een onbekende primaire tumor die op zijn ingewanden drukten en met pijn in zijn hele lichaam hield hij zich aanvankelijk aan elke strohalm vast die hem door geliefden werd aangereikt. 'Als je nu aansterkt, kunnen we deze week nog met een chemokuur beginnen', 'Gisteren had je toch duidelijk een opleving?', 'Misschien stelt een andere specialist een diagnose met betere vooruitzichten'. Een week nadat was geconstateerd dat van kanker sprake was, kreeg hij op een woensdag in het ziekenhuis het bericht dat er medisch gezien geen enkele hoop was. Hans werd in de auto gezet, kroop de trap op, ging in zichzelf gekeerd in bed liggen, wilde niemand meer zien, niet meer videobellen met de kleinkinderen, geen afsluitende gesprekken, geen gegoogle naar wondertherapieën. De volgende ochtend stierf hij een natuurlijke dood. Zo kan het zijn. Je realiseren dat er geen hoop meer is kan ook onderdeel zijn van levenskunst.

Verschuivingen in de beleving van ondraaglijk lijden

Een van de mogelijke verklaringen van de stijging van euthanasiecijfers bij terminale ziekten zijn verschuivende opvattingen over ondraaglijk lijden. In mijn negen jaren in een RTE vond een ontwikkeling plaats waarbij het gevreesde sterven steeds minder gedomineerd werd door fysiek lijden als gevolg van pijn, benauwdheid, misselijkheid, jeuk en extreme vermoeidheid. In plaats daarvan werden bij de beschrijving van het lijden immateriële zaken frequenter: zinloosheid, zorgafhankelijkheid, eenzaamheid, inactiviteit, vervreemding, angst om een belasting voor de directe naasten te zijn, angst om nabestaanden met een traumatisch sterfbed op te zadelen, angst voor het onbekende. 'Wat heeft het nog voor zin om te liggen wachten op het einde?' was een uitspraak die je in toenemende mate kon tegenkomen. 'Wat doe ik hier nog?' zei iemand met een ruime levensverwachting. 'Het enige wat ik de hele dag zie, zijn inen uitparkerende auto's.' Het doel van euthanasie is hier minder het voorkomen van een moeilijk sterfbed dan het niet-meemaken van de tijd die daaraan voorafgaat.

Euthanasie als daad van autonomie

Terwijl euthanasie zowel bij angst voor een pijnlijk sterven als bij angst voor doorleven plaatsvindt om ondraaglijk lijden te voorkomen, is er nog een derde verhaal. Daarbij staat euthanasie symbool voor een zelfgewild en zelf-geregisseerd leven. De Nederlandse Vereniging voor Vrijwillige Euthanasie, NVVE, wisselde in 2006 het woord 'euthanasie' in voor 'levenseinde' (met behoud van de afkorting). Een vereniging voor een vrijwillig levenseinde, alsof ook maar iemand de keuze heeft om niet te sterven. De Australische organisatie voor legale stervenshulp noemt zichzelf 'Dying for Choice', de dood als keuze.[26] Op websites overal ter wereld is waardig sterven synoniem met actieve levensbeëindiging. Men erkent dat ook een natuurlijk overlijden waardig kan zijn, maar op voorwaarde dat iemand tenminste de optie van euthanasie heeft. De dood is hier een project, de voltooiing van iemands zelfbeschikking. Voor sommigen is euthanasie zelfs een middel om het onrecht dat men voor het eigen ontstaan nooit toestemming heeft gegeven, recht te zetten. 'Ik heb er niet voor gekozen om geboren te worden,' luidde de verbolgen wilsverklaring van een patiënt, 'geef mij dan tenminste het recht om mijn leven op een tijdstip dat ik kies, te laten beëindigen.'

---

26 https://www.dyingforchoice.com/.

3. Alternatieven en misverstanden

Omdat euthanasie ethisch gesproken een uitzonderlijke handeling is, blijft het zoeken naar alternatieven essentieel om tot een keuze te kunnen komen. Hoe die alternatieven eruit zien hangt van veel factoren af: hoe is iemand eraan toe? Wat zijn de medische vooruitzichten? Zijn er mantelzorgers? Wat kan iemand aan? Op welke termijn wordt een natuurlijk overlijden verwacht?

Lijden als onvermijdelijke waarheid?

Ik begin met de nabijheid van een natuurlijke dood. Nog steeds vormt voor veel mensen het voorkomen van een moeilijk overlijden de belangrijkste reden om een euthanasieverzoek te doen of om zo'n verzoek bij anderen te steunen. Ik weet van een oncoloog die, toen de strijd tegen kanker bij een patiënte verloren bleek, haar aan haar huisarts overdroeg. In de verwijsbrief schreef hij: 'Ik heb mevrouw moeten vertellen dat haar van nu af niets meer resteert dan pijn, pijn, pijn.' Natuurlijk is niet uitgesloten dat deze mevrouw leed aan een vorm van kanker waarbij pijnmedicatie onvoldoende aanslaat. Maar het scenario 'pijn, pijn, pijn' is in zijn algemeenheid ruimschoots achterhaald: de palliatieve zorg heeft in de laatste drie decennia enorme vooruitgang gemaakt.

Toch vormt het narratief 'zonder euthanasie een

vreselijk sterfbed' nog altijd een centraal element in veel pleidooien voor euthanasie. In Engeland loopt een campagne onder het motto 'De onvermijdelijke waarheid: hoe zeventien mensen per dag lijden als ze sterven'.[27] Wie de website bezoekt, krijgt eerst een *disclaimer* te zien waarin wordt gewaarschuwd voor schokkende beelden. Het is verwarrend dat uitgerekend in het derde decennium van de eenentwintigste eeuw mensen bang moeten worden gemaakt voor hun aanstaande dood. Er zijn morfinepompjes die een patiënt zelf kan bedienen, middelen tegen misselijkheid, er is extra zuurstof en palliatieve bestraling, er zijn doorligbedden, puncties die overtollig vocht afvoeren, antidepressiva, kalmerende middelen, er is psychosociale en huishoudelijke hulp en geestelijke verzorging; en helpt er niets meer, dan kan een patiënt middels palliatieve sedatie in een kunstmatige coma worden gebracht. Nog altijd wordt op het gebied van de symptoombestrijding voortgang geboekt.

Je vraagt je daarom af of het voorkomen van een moeilijk sterfbed eigenlijk wel de echte reden voor het streven naar legale stervenshulp is en of er niet eerder sprake is van een verdergaand doel: sterfelijkheid en afhankelijkheid überhaupt willen ontlopen. Een werker in de zorg mailde me naar aanleiding van het boek *Leven met euthanasie* – een bundel met 43 verhalen van nabestaanden – het volgende: 'Ik ben de verhalen aan het lezen. Het stemt me droef, ook de verhalen van mensen

---

27 *The Inescapable Truth: How seventeen people a day will suffer as they die.* https://features.dignityindying.org.uk/inescapable-truth/.

die dankbaar en tevreden terugkijken op het overlijden van een geliefde door euthanasie. Die "droefheid" zou ik nog weleens verder willen onderzoeken. Dan gaat het eigenlijk over de vraag: wat zegt het over ons culturele klimaat dat deze georganiseerde vorm van overlijden zo goed bij ons lijkt te passen?'[28]

Waar uitstekende palliatieve zorg voorhanden is en mensen toch een euthanasieverzoek doen, lijkt hun lijden in één opzicht op dat van velen die niet terminaal zijn: zij zijn bang om op een bepaalde manier verder te leven. De eentonigheid, de verloren zelfstandigheid, de afwezigheid van welke vorm van uitdaging of groei ook, de onzekerheid, de somberheid, de eenzaamheid, het verlies van leeftijdsgenoten en het verlies van waardigheid. Het zijn elementen die door Els van Wijngaarden in haar onderzoek naar voltooid leven worden samengevat als: geen verbinding meer ervaren.[29]

Bij dit lijden zijn andere vormen van palliatie nodig: mensen die om iemand heen staan en die meehelpen om zin te geven en zin te ervaren. Maar zie dat soort verlichting maar eens te organiseren. Ik kwam voorbeelden tegen van mensen die tientallen gezonde jaren hadden doorgebracht binnen de veiligheid van één enkele geliefde. Geen vrienden. Nauwelijks netwerken. Moeten zij,

---

28 Geciteerd met toestemming.

29 Els van Wijngaarden, *Voltooid leven. Over leven en willen sterven*. Amsterdam: Atlas Contact 2016; vgl. Martien Versteegh, 'Het verdriet van de verloren verbinding', *Relevant (Kwartaalbericht van de NVVE)*, januari 2016.

wanneer die partner wegvalt en men ernstig ziek en afhankelijk is, nieuwe vrienden gaan maken, vrijwilligerswerk gaan doen, contact opnemen met een kerk, brieven voor Amnesty gaan schrijven? Sommigen vinden in die moeilijke fase inderdaad nieuwe zin. Maar anderen niet. Wat dan?

Keuzestress

Bij de vraag naar alternatieven voor euthanasie wil ik twee misverstanden noemen. Het eerste is dat de optie van euthanasie altijd alleen maar troost biedt. Zeker: met euthanasie is er een keuzemogelijkheid bijgekomen waar veel mensen blij mee zijn. Zelfs als je er geen gebruik van maakt, kan dit iemand rust geven en helpen om het vol te houden, net zoals een nooduitgang in een theater bij mensen met claustrofobie het verschil kan maken tussen thuisblijven en toch maar naar de voorstelling gaan.

Maar de aanwezigheid van deze nooduitgang en de mate waarin die in Nederland prominent aanwezig is, levert ook stress op. De mogelijkheid is er, dus waarom zou jij als patiënt die niet ook overwegen? Zowel uit onderzoek als uit verhalen komt naar voren dat de visie van een arts op een goed levenseinde wel degelijk kan meespelen bij de keuzes van een patiënt.[30] Ik noemde al het voorbeeld van de oncoloog die zijn patiënte een le-

---

30 Maria van den Muijsenbergh, *Palliatieve Zorg door de Huisarts*. Leiden: Universiteit Leiden 2001, zie ook https://bit.ly/3mCrq0H.

venseinde van pijn in het vooruitzicht stelde. De vrouw verzocht nog dezelfde dag om euthanasie. Een geestelijk verzorger mailde me het volgende: 'Ik ben geen activist maar ik weet zeker dat artsen euthanasie aan patiënten aanbieden. Meerdere malen vertelden patiënten me dat dat gebeurde: "Hebt u al nagedacht over euthanasie?" Dat was verwarrend en voelde als een hint.'[31]

Annemarieke van der Woude beschrijft dit als keuzestress: 'Ons leven confronteert ons met een grabbelton aan mogelijkheden, maar op het einde gaan we "gewoon" dood. Dit beeld klopt niet langer. Keuzestress treedt ook op als we nadenken over het einde van ons bestaan: willen we dood, of blijven we leven? Als we dood willen, wanneer dan precies? En als we dat niet meer zelf vertellen kunnen, wie doet dat dan voor ons?'[32] Keuzestress ontstaat ook in de interactie met familieleden: staan zij wel of niet achter de euthanasie? Wat als zij het onderling oneens zijn terwijl jij het zelf ook niet helemaal weet? Voel jij je als patiënt verantwoordelijk om je geliefden een langere ziekteperiode of een moeilijk sterfbed te besparen? Ook het vaststellen van de datum of het toeleven naar een al vastgelegde datum blijkt stress op te leveren.[33]

---

31 Geciteerd met toestemming.

32 Annemarieke van der Woude, 'Keuzestress gewoon doodgaan'. *Trouw*, 20 februari 2010.

33 In Boer, Groenewoud en De Jonge (red.), *Leven met euthanasie*, 223vv., worden op basis van 43 ervaringsverhalen nog vier andere schaduwzijden beschreven.

De verlossing van de één door euthanasie betekent voor anderen soms op nog een andere manier stress. In *Leven met euthanasie* vertelt een jonge vrouw die regelmatig met doodsgedachten te maken heeft over de impact van de euthanasie van een goede vriendin en lotgenote. Voor deze vrouw was het springende punt dat de levensbeëindiging door een psychiater gebeurde: 'Ik heb me lang afgevraagd of het anders was geweest als [mijn vriendin] niet voor euthanasie, maar voor suïcide had gekozen. Waarschijnlijk had ik dat makkelijker kunnen accepteren, omdat dat niet dat signaal afgeeft dat euthanasie afgeeft: dat ook de hulpverleners je hebben opgegeven. Dan was het gewoon een individuele keuze geweest. Dat er een instelling aan te pas is gekomen, vind ik cynisch.' En zij gaat door: 'Bij euthanasieverzoeken draait het voornamelijk om zelfbeschikking. Daarbij wordt helemaal uit het oog verloren dat door de zelfbeschikking van een enkeling, ook de zelfbeschikking van de ander wordt aangetast.'[34]

Ook een andere stressfactor moet genoemd worden: euthanasieverzoeken die niet worden gehonoreerd, met alle gevolgen in termen van verdriet en onbegrip. Dat kan vooral spelen bij patiënten met een langere levensverwachting. Terwijl in 2020 708 mensen met psychisch lijden aanklopten bij het Expertisecentrum Euthanasie, kwam het uiteindelijk bij maar 88 van hen tot euthanasie.[35] Voor sommigen die een traject ingaan, is alleen al

34 Ibid., 76-77.

35 Expertisecentrum Euthanasie, *Jaarverslag 2020*. Den Haag 2021, https://bit.ly/3ylzGoi.

het feit dat hun doodswens serieus wordt genomen een zegen: eindelijk mensen die mij niet op voorhand om mijn wens veroordelen. Er zijn mensen die hun verzoek op enig moment weer intrekken en de weg naar boven hervinden. Voor anderen die wel euthanasie krijgen kan dat een bijzondere uitweg zijn. Maar wat te denken van mensen met een persistente doodswens die afgewezen worden omdat er geen hulp beschikbaar is of omdat experts oordelen dat hun lijden niet ernstig genoeg is? De stap naar het Expertisecentrum, dikwijls met hulp van naasten, zet je niet zomaar: dan moet er sprake zijn van een hoge en langdurige lijdensdruk. Het kan niet anders of weggestuurd worden levert bij sommigen extra lijden op: een laatste strohalm is weggeslagen, anderen hebben voor mij bepaald dat ik nog door moet, en dat bij afwezigheid van een alternatief behandelingsaanbod.[36]

Hoewel dit voorbeelden uit de psychiatrie zijn, kunnen ze zich ook voordoen bij patiënten met andere soorten lijden of bij hun nabestaanden. Ziedaar de paradox van een land waar euthanasie mogelijk is: mensen kunnen trauma's oplopen doordat zij afgewezen worden. In landen waar euthanasie geen optie is – vind ervan wat je wilt – zijn er ook geen artsen die zeggen: anderen wel, maar u niet.

---

36 Het Expertisecentrum pleegt nog wel eens naar alternatieven te verwijzen maar heeft hiervoor zelf onvoldoende middelen en kennis in huis.

Advance Care Planning

Een tweede misverstand is dat wie een doodswens heeft, zonder euthanasie geen andere optie heeft dan een eindeloze rit geduldig uitzitten. Een paradox in het Nederlandse zorgsysteem is dat terwijl enerzijds euthanasie mogelijk is, er anderzijds nog altijd sprake is van overbehandeling, soms bij dezelfde patiëntengroep.[37] Ik kwam meldingen tegen waarbij patiënten kort voor een geplande euthanasie nog een griepprik of een antibioticakuur kwamen halen. Er was een melding van een patiënt die, toen haar situatie dramatisch verslechterde, vroeg om medicijnen om de dag van de euthanasie maar te kunnen halen. Het gebeurt in de ouderenzorg dat mensen met verminderende behoeften aan eten, drinken of beweging bijna tot al deze 'gezonde' dingen worden verplicht. Het gebeurt in ziekenhuizen dat ouderen van wie duidelijk is dat hun leven ten einde loopt of die een doodswens hebben, nog aan allerhande invasieve diagnostiek worden onderworpen. In de Nederlandse documentaire *Dood op verzoek* uit 1994 spreekt de patiënt de angst uit dat hij aan intensieve zorg in een ziekenhuis zal worden blootgesteld.[38] 'Aan de beademing in het ziekenhuis' en 'een dood in eigen regie' lijken de enige twee

---

37 Vgl. Theo Boer, Maarten Verkerk en Dirk-Jan Bakker, *Over(-) behandelen. Ethiek van de zorg voor kwetsbare ouderen*. Amsterdam: Reed Business Education 2013.

38 Maarten Nederhorst, *Dood op verzoek*. Hilversum: IKON 1994, https://www.2doc.nl/documentaires/d/dood-op-verzoek,. html, minuut 8:00.

opties die ter tafel komen, terwijl dat er in werkelijkheid veel meer zouden moeten zijn. Ik zag meerdere meldingen waarbij woede over een ongewilde reanimatie een van de motieven vormde achter een euthanasieverzoek. Hoe vaak, dat zou uitgezocht moeten worden, maar dát sommige euthanasieverzoeken direct of indirect te maken hebben met angst voor, of ervaringen met overbehandeling, is onbetwistbaar. *Advance Care Planning*, vroegtijdige gesprekken over wat de patiënt wel en niet wil, kan voorkomen dat een patiënt te vanzelfsprekend en te lang wordt behandeld. Een van de opties kan dan zijn om terughoudendheid te betrachten bij de behandeling van een levensbedreigende aandoening. Het is het verwelkomen van een dood die, in de woorden van Augustinus, 'van elders komt'.[39]

Versterven

Behalve afzien van levensverlengende behandelingen en ruimte bieden aan een natuurlijk overlijden is versterven ook een optie. 'Afscheid van spijs en drank', zoals de Vlamingen dit noemen, 'Papa zoekt zijn bed op', zoals een Franse uitdrukking luidt. In hun boek *Uitweg. Een waardig levenseinde in eigen hand* beschrijven Boudewijn Chabot en Stella Braam hoe het bewust stoppen met eten en drinken, in combinatie met goede palliatieve zorg, bij ouderen een waardig en autonoom alternatief

---

39 Augustinus, *De civitate Dei*, XIX.4, in: G. Wijdeveld, Aurelius Augustinus, *De stad van God* (De civitate Dei), Baarn: Ambo 1983, 946-947.

kan zijn voor euthanasie.[40] Vermeldenswaard is dat Chabot als een van de eerste artsen in Nederland euthanasie verleende bij psychiatrisch lijden, om daarna alsnog een tegenstander te worden van medische betrokkenheid bij actieve levensbeëindiging.[41]

Deze alternatieven nemen echter niet weg dat, als het lijden maar voortduurt en ondraaglijk wordt, het doen van een euthanasieverzoek een rationele keuze kan zijn, hoe tragisch ook.

---

40 Boudewijn Chabot en Stella Braam, *Uitweg. Een waardig levenseinde in eigen hand*. Amsterdam: Nijgh & Van Ditmar 2012.
41 Boudewijn Chabot, *Zelf beschikt*. Amsterdam: Balans 1993; Boudewijn Chabot, 'Die hulp bij zelfdoding zou ik nu niet meer doen', *Trouw*, 20 mei 2017.

4. Euthanasie in Nederland: een terugblik

Terminologie

De term euthanasie heeft een lange geschiedenis. In de Oudheid en de Vroege Kerk doelde het woord op een levenseinde in rust en waardigheid en, wat de Kerk aanging, een dood in de zekerheid dat men van Christus is. De eerste die in de moderne tijd de term gebruikte was Francis Bacon in zijn werk *Euthanasia Medica*. Bacon doelde op een levenseinde zonder pijn zonder dat het leven opzettelijk wordt bekort. Rond het jaar 1900 zien we een meer eigentijdse betekenis van euthanasie opkomen: het beëindigen van leven dat niet langer leefbaar wordt geacht.[42] Dit leidde in de decennia erna in allerlei landen tot pleidooien om bepaalde groepen mensen, met of zonder hun verzoek, verder leven te besparen. Bijna iedereen die momenteel een vorm van actieve levensbeëindiging bepleit, neemt in sterke bewoordingen afstand van die ontsporingen.

De huidige Nederlandse definitie van euthanasie luidt: opzettelijk levensbeëindigend handelen door een ander dan de betrokkene, op diens verzoek. Voordat het tot die definitie kwam, werden gaandeweg drie beteke-

42 Yuill, *Assisted Suicide*.

nissen uitgesloten: niet-behandelbeslissingen staan niet langer te boek als 'passieve euthanasie'; levensbeëindiging zonder iemands verzoek maar 'in iemands belang' mag geen euthanasie meer heten;[43] en het toedienen van middelen die pijn en onrust verminderen maar die als bijwerking het levenseinde zouden kunnen bespoedigen heet evenmin euthanasie. Er heerst brede consensus over dat zulke middelen geoorloofd zijn voorzover nodig om verlichting te bieden, zolang de bedoeling niet doden maar verlichten is.[44] Het geven van extra morfine om iemand te laten inslapen (iets wat voordat euthanasie werd toegestaan regelmatig gebeurde) is in Nederland niet toegestaan.

De 'ander dan de betrokkene' waarvan in de definitie sprake is, kan in de praktijk alleen een dokter zijn. De levensbeëindiging gebeurt in twee stappen. Een comamiddel brengt de patiënt in een coma (vergelijkbaar met anesthesie, maar dan dieper), waarna het eigenlijke euthanaticum (een spierverslapper) het leven beëindigt. Zonder coma zou een patiënt de fatale spierverlamming bewust meemaken. Behalve euthanasie kennen we ook

---

43 Gereformeerde Kerken in Nederland, *Euthanasie en pastoraat*. Uitgebracht in 1984 samen met een vervolgrapport in 1988 gepubliceerd onder dezelfde titel. Den Haag: Boekencentrum 1988, 9.

44 Overigens lijkt het onwaarschijnlijk dat proportionele toediening van morfine levensbekortend werkt. Een lichaam kan gaandeweg steeds hogere doseringen aan. Bovendien helpt het voorkomen dat patiënten door slaapgebrek, hoge bloeddruk, paniek etc. in een snel verslechterende conditie terecht komen.

hulp bij zelfdoding. In dit geval drinkt de patiënt op aanreiken van de arts een sterk verhoogde dosis van het comamiddel. Zoals gemeld wordt bijna altijd gekozen voor euthanasie.

Een optie die de laatste tijd opgeld doet, is palliatieve sedatie, soms terminale sedatie genoemd. Een arts brengt iemand die zich in de stervensfase bevindt, in een permanente diepe slaap. De patiënt sterft een natuurlijke dood maar maakt deze niet bewust mee. In Nederland gebeurt dit bij ongeveer twintig procent van de overlijdens. Hoewel het door sommigen wel als een vorm van euthanasie kan worden ervaren, beoogt palliatieve sedatie geen levensbeëindiging.

Naar een wettelijke regeling

In 1969 was Nederland het eerste land waar euthanasie in zijn naoorlogse betekenis ten tonele verscheen.[45] Het boekje *Medische macht en medische ethiek* van de Leidse psychiater Jan Hendrik van den Berg wordt als het begin van die discussie beschouwd.[46] Van den Berg, behalve medicus ook cultuurfilosoof, bracht in *Medische macht* een even simpele als revolutionaire boodschap: dokters moeten gaan leren om zich in te houden. Tot voor kort konden artsen in het aangezicht van levensbedreigende aandoeningen heel weinig doen en zij grepen veelal elke

---

45 *Mutatis mutandis* dus ook andere vormen van medisch geassisteerde levensbeëindiging.

46 J.H. van den Berg, *Medische macht en medische ethiek*. Nijkerk: Callenbach 1969.

gelegenheid aan om iemand in leven te houden. Gezien de toename van de medische macht achtte Van den Berg de tijd rijp voor een nieuwe ethiek. Artsen richten door hun sterk toegenomen behandelingsmogelijkheden te vaak ook leed aan. Behalve voor terughoudendheid bij medisch handelen brak Van den Berg ook een lans voor euthanasie. Als een behandeling resulteert in een leven dat uit louter leed bestaat en een natuurlijke dood is niet op korte termijn te verwachten, moet ook de optie van actieve levensbeëindiging op tafel komen. Aangrijpende foto's van overbehandelde patiënten brachten de problematiek voor een breed publiek tot leven.

Medische macht had een grote impact en beleefde tientallen herdrukken. Drie jaar na zijn verschijning kwamen hoofdlijnen ervan terug in een rapport van de Nederlandse Hervormde Kerk. Behalve door artsen veroorzaakt lijden schaarden de hervormden ook overbevolking en zorgschaarste onder de mogelijke redenen voor euthanasie.[47] De Groningse theoloog Pieter Roscam Abbing introduceerde in 1972 het begrip 'verantwoord bejaardenschap'. De oudere generatie, aldus Roscam Abbing, moet gezien de mondiale bevolkingscrisis het verantwoordelijkheidsbesef aan de dag leggen om plaats te maken voor nieuwere generaties.[48] Hij hoopte

---

47 Nederlandse Hervormde Kerk, *Euthanasie. Zin en begrenzing van het medisch handelen*. Den Haag: Boekencentrum 1972, 16, 19.

48 P.J. Roscam Abbing, *Toegenomen verantwoordelijkheid. Veranderende ethiek rond euthanasie, eugenetiek en moderne biologie*. Nijkerk: Callenbach 1972.

dat ouderen zich dit vrijwillig zouden realiseren maar sloot dwang niet uit. Het waren sombere dagen waarin de Koude Oorlog, Vietnam, hongersnoden in Afrika en het rapport aan de Club van Rome bij velen zorgden voor een ondergangsstemming.

In 1973 kwam de discussie mede dankzij de oprichting van de NVVE in een rustiger vaarwater. Met zijn nadruk op het vrijwillige verzoek zegde de vereniging spoken uit een recent verleden de wacht aan.[49] Nederland nam sowieso ruim de tijd om euthanasie zorgvuldig te regelen. Er was sprake van een mondiaal en historisch experiment dat niet fout móćht lopen. In de 1970er jaren waren er baanbrekende rechtszaken tegen artsen die euthanasie hadden verleend en die gaandeweg een aantal zorgvuldigheidsvoorwaarden opleverden: een uitdrukkelijk verzoek van een wilsbekwame en goed voorgelichte patiënt, ondraaglijk lijden zonder uitzicht op verbetering, een onafhankelijke tweede arts die de patiënt heeft gezien en een medisch zorgvuldige uitvoering. In 1986 werd door een landelijke overleggroep bestaande uit vertegenwoordigers van het Openbaar Ministerie (OM) en het Staatstoezicht op de Volksgezondheid een meldingsprocedure ontwikkeld die alle betrokkenen in de jaren erna toenemend zekerheid ging bieden. Artsen die zich aan deze criteria hielden en hun handelen meld-

49 Vgl. Harry Kuitert, 'Stop uw nazi-vergelijkingen, genoeg daarvan, basta! Wat in Hitlertijd euthanasie heette had daarmee niets te maken'. *Trouw*, 7 juli 1993.

den, konden rekenen op een soepele afhandeling door het Openbaar Ministerie.[50]

In 1994 werd deze praktijk voor het eerst wettelijk vastgelegd. Hoewel het ging om een wijziging van één artikel van de Wet op de Lijkbezorging was het toch een revolutionair begin. Voortaan werd het doden van een medemens buiten conflictsituaties niet meer altijd als een misdaad gezien. Euthanasie bleef in het Wetboek van Strafrecht maar artsen die de criteria in acht namen hadden niets van het Openbaar Ministerie te vrezen. Vanaf 1998 gingen vijf Regionale Toetsingscommissies Euthanasie de meldingen bekijken voordat die naar het OM gingen. Het OM kon van een door de RTE geleverd conceptoordeel afwijken maar deed dat in de praktijk nooit.

In 2001 kwam het tot een eigenstandige euthanasiewet, de Wet Toetsing Levensbeëindiging op Verzoek en Hulp bij Zelfdoding (Wtl). De belangrijkste nieuwigheid was dat het OM op grotere afstand werd gezet: voortaan kreeg dat alleen nog meldingen te zien die door de RTE als onzorgvuldig waren beoordeeld. Omdat een dokter die een 'gewone' euthanasie verrichtte voortaan weinig meer van de strafrechter te vrezen had, werd gehoopt dat de koudwatervrees om te melden zou afnemen. Hadden de RTE binnen de wettelijke termijn van zes weken het oordeel 'zorgvuldig' uitgesproken, dan was daarmee de kous af.

---

50 Vgl. Heleen Weyers. *Euthanasie. Het proces van rechtsverandering*. Groningen: Rijksuniversiteit Groningen 2002.

Het opgerekte mandaat van de RTE

Weinig mensen realiseerden zich destijds tot welke ontwikkelingen in de jurisprudentie de nieuwe Wtl zou leiden. Bij euthanasie werkt de rechterlijke macht (de rechtspraak en het Openbaar Ministerie) met open normen. Geen enkele situatie is immers gelijk en bovendien kunnen medisch-ethische opvattingen over euthanasie evolueren. Aanvankelijk werden die wettelijke criteria nogal eens strikt genoemd, een strengheid die werd bevestigd door het feit dat de RTE sinds 2002 ongeveer 120 maal tot een oordeel 'onzorgvuldig' kwamen. Ter vergelijking: in België gebeurde dat in diezelfde periode precies één keer.

Maar het waren niet zozeer de criteria zelf als wel hun toepassing door de commissies die de toetsing een air van gestrengheid gaf. Vanaf ongeveer 2007 gingen de RTE evenwel het open karakter van de normen sterker benadrukken en oordeelden zij in toenemende mate dat datgene waar de wet niet expliciet over spreekt, niet als een voorwaarde voor een zorgvuldige euthanasie mag gelden. In de door de RTE uitgebrachte *EuthanasieCode* van 2015 wordt onder het kopje 'Eisen die de wet niet stelt' vermeld dat, wettelijk gesproken:

- niet van een terminale fase sprake hoeft te zijn;
- geen schriftelijk euthanasieverzoek vereist is;
- een euthanasieverzoek niet duurzaam hoeft te zijn;
- euthanasie ook mag worden verleend als de SCEN-arts negatief adviseert;
- een vooraf bestaande arts-patiëntrelatie geen vereiste is;

- de familie niet bij een euthanasieverzoek hoeft te worden betrokken, laat staan ermee hoeft in te stemmen.

Deze opsomming door de RTE is in zoverre opmerkelijk omdat veel van deze elementen aanvankelijk wel degelijk bij de beoordeling van een euthanasiemelding werden meegewogen. In de herziene versie van 2018 wordt toegevoegd dat niet van een levensbedreigende aandoening sprake hoeft te zijn. Bij de tweede herziening in 2020 kwam daar bij dat een arts bij wilsonbekwame patiënten met een eerdere wilsverklaring niet verplicht is te verifiëren of er een actuele stervenswens is. Is er bovendien geen betekenisvolle communicatie mogelijk, dan hoeft de arts niet met de patiënt te overleggen over de wijze van uitvoering en kan men bijvoorbeeld een slaapmiddel in de koffie mengen.[51] Deze laatste toevoegingen volgden op het Arrest van de Hoge Raad in de 'koffiezaak', de rechtszaak waarbij een arts een vrouw met gevorderde dementie euthanaseerde zonder dat zij zich van die euthanasie bewust was.[52] Maar terwijl de Hoge Raad spreekt over een wilsonbekwame patiënt met dementie, breidden de RTE dit uit naar alle wilsonbekwame patiënten. Ook meldden zij dat als de arts tot de conclusie komt dat bij een patiënt met gevorderde dementie sprake is van ondraaglijk en uitzichtloos lijden,

---

51 De eerste EuthanasieCode heette in 2015 nog Code of Practice. Zie https://bit.ly/2Wq2Bub; https://bit.ly/3ykaWwC; https://bit.ly/3mABN5f.

52 https://bit.ly/3gyxdR6.

dit een medisch-professioneel oordeel is en de RTE in dat geval 'terughoudend zullen toetsen'.[53]

Eén ontwikkeling verdient hier bijzondere aandacht. Terwijl voorheen uiterst kritisch werd gekeken naar euthanasie buiten een bestaande arts-patiëntrelatie, kwam de leiding van de RTE in 2012 met de NVVE overeen dat er voor de oprichting van de Levenseindekliniek geen *a priori* beletsel was. Bij de Levenseindekliniek – tegenwoordig 'Expertisecentrum Euthanasie' – verlenen artsen euthanasie zonder een voorafgaande arts-patientrelatie en zonder dat zij de patiënt alternatieve zorg kunnen bieden. In nog een ander opzicht is deze situatie opmerkelijk: het Expertisecentrum ontvangt per verrichte euthanasie een tien maal zo hoge vergoeding als gebruikelijk is bij huisartsen.

Het Openbaar Ministerie kan tegen geen van deze als zorgvuldig beoordeelde meldingen beroep aantekenen, ook niet als die baanbrekend zijn en eigenlijk maatschappelijke discussie vergen.[54] Het OM heeft tot

---

53 https://bit.ly/3ysjAcj. Op sommige punten zijn de RTE overigens wel tot verscherpte richtlijnen overgegaan. Voorbeelden zijn een verhoging van de dosering van de toegediende euthanatica en het verplicht stellen van een tweede consultatie bij sommige patiëntengroepen.

54 Tenzij het OM een verdenking heeft van een strafbaar feit of wanneer iemand aangifte doet, maar aangezien het dossier gesloten is, is dit alleen een theoretische mogelijkheid, die zich in de praktijk dan ook nog nooit heeft voorgedaan. Vgl. Alwin Kuiken, 'Rechter moet veel meer euthanasiegevallen beoordelen'. *Trouw*, 17 februari 2014.

deze meldingen zelfs in het geheel geen toegang: uitsluitend de RTE bepalen welke (baanbrekende) oordelen nog naar het OM worden doorgestuurd. Effectief staan RTE-oordelen 'zorgvuldig' daarmee gelijk aan oordelen van de Hoge Raad, maar dan zonder openbaar proces. Ook worden van de vergaderingen van de RTE geen notulen gemaakt. Artsen, het publiek én het OM kunnen uit de op internet gepubliceerde oordelen, de jaarverslagen en de regelmatig geüpdatete *Code of Practice* opmaken tot welke wijzigingen in de jurisprudentie de RTE hebben besloten.

Zo kon het gebeuren dat van de vele baanbrekende euthanasieën die de toetsingscommissies goedkeurden – euthanasie bij psychiatrische ziekten, bij tinnitus, bij beginnende en gevorderde dementie, bij blindheid, bij milde ouderdomsklachten, bij autisme en zelfs bij patiënten met sociale en fiscale problemen – slechts enkele het OM bereikten. In het jaar 2020 mocht het OM zich buigen over de vraag wat de juiste ader is om aan te prikken en over de vraag of een consulent mag zijn ingeschreven als patiënt in de praktijk van de meldende arts.[55] Twee ogenschijnlijk pragmatische wijzigingen – het ontlasten van het OM en het bevorderen van de meldingsbereidheid – gaven de RTE vanaf 2002 een interpretatiemonopolie over de Wtl. Dat geeft te denken, niet alleen omdat bij de werving van RTE-leden geen

---

55 Deze twee voorbeelden zijn de enige twee oordelen 'onzorgvuldig' die in 2020 door de RTE werden uitgesproken. Zie Regionale Toetsingscommissies Euthanasie, *Jaarverslag 2020*.

sprake is van een enigszins getrouwe afspiegeling van medisch-ethische visies in de samenleving, maar ook omdat van individuele commissieleden wordt verwacht dat zij eventuele bedenkingen binnenskamers houden.

Het eerste verhaal achter euthanasie: angst voor het sterven

Tot ruwweg 2005 gold euthanasie voornamelijk als laatste redmiddel om een vreselijk sterven voor te zijn. Ervaringen bij patiënten met extreme pijn en benauwdheid, van wie velen tevergeefs om een zachte dood hadden gevraagd, hadden voor een breed publiek draagvlak voor deze vorm van euthanasie gezorgd. In honderden meldingen die ik als RTE-lid onder ogen kreeg, vormden traumatische ervaringen met sterfbedden van geliefden de achtergrond voor een euthanasieverzoek. Uitspraken als 'patiënt heeft haar vader zien stikken en heeft hier nog regelmatig nachtmerries over', 'het beeld van zijn moeder die smeekte om een barmhartig einde liet hem nooit meer los' en 'patiënt bezocht regelmatig een psychiater om met zijn angst voor het sterven om te gaan' waren trieste getuigen dat de palliatieve zorg geen gelijke tred had gehouden met de curatieve geneeskunde. Hier en daar had de moderne medische technologie het lijden eerder vergroot dan verlicht. 'De medische wetenschap heeft ons in de hoogste boom gezet – en nu zouden wij er niet met wat hulp uit mogen springen?' zei Harry Kuitert hierover eens.

Terwijl ontoereikende stervenszorg de roep om euthanasie had versterkt, vormde omgekeerd de legalisering van euthanasie een stimulans voor het verbeteren van palliatieve zorg. Politici en artsen wilden voorkomen dat euthanasie een excuus zou worden om de bestaande stervensbegeleiding niet te hoeven verbeteren. Toch ging het verhoudingsgewijs langzaam: pas toen de Wtl een feit was geworden, kwam de palliatieve zorg in Nederland enigszins op het niveau van vergelijkbare landen. Gezondheidsminister Els Borst, die in 2001 de Wtl door het parlement had geloodst, zei hierover in 2009: 'We hebben het in Nederland natuurlijk niet in de juiste volgorde gedaan. We hebben eerst gehoor gegeven aan de politieke en maatschappelijke roep om euthanasie.'[56] Toen de euthanasiecijfers zich na de eeuwwisseling stabiliseerden, constateerden velen dat de verbeterde palliatieve zorg daaraan had bijgedragen.[57] De Wtl had aan zijn doelen beantwoord en schrikscenario's waren uitgebleven.[58]

Stijging en regionale verschillen

Toch zette in 2006 alsnog een stijging van het aantal meldingen in. Sommigen meenden dat niet het aantal euthanasieën maar de meldingsbereidheid steeg; anderen meenden dat de euthanasiecijfers waarschijnlijk sa-

---

56 Anne-Mei The, *Verlossers naast God: dokters en euthanasie in Nederland*. Amsterdam: Thoeris 2009, 206.
57 B.D. Onwuteaka-Philipsen, J.K.M. Gevers, A. van der Heide en J.J.M. van Delden, *Evaluatie Wet toetsing levensbeëindiging op verzoek en hulp bij zelfdoding*. Den Haag: ZonMw 2007.
58 Margriet Oostveen, 'Het grote experiment'. *NRC Handelsblad*, 24 mei 2003.

menhingen met een stijgende mortaliteit. Maar toen de cijfers bleven stijgen en de mortaliteit gelijk bleef, moest naar andere verklaringen worden gezocht. Tussen 2002 en 2020 steeg het aantal meldingen van 1900 naar 7000.

De stijging vindt niet gelijkmatig over Nederland plaats. In sommige gemeenten komt euthanasie tot 25 maal vaker voor dan in andere gemeenten.[59] Wanneer die verschillen worden gecorrigeerd voor mogelijke factoren aan de kant van de zorggebruiker – kerkbezoek, politieke voorkeur, sociaaleconomische status en de beschikbaarheid of afwezigheid van veel vrijwilligers –, blijft alsnog een factorscore van 7 over. In internationale literatuur over regiovariatie wordt in zo'n geval de hypothese opgeworpen dat de variatie aanbodgestuurd kan zijn. Bij euthanasie is te denken aan artsen die het vaker aanbieden of juist weigeren, alsook aan tekortschietende of juist uitstekende palliatieve alternatieven. Uiteindelijk kan een deel van de variatie onverklaard blijven.[60]

Overigens vallen op een nog gedetailleerder niveau – dat van de viercijferige postcodes – de euthanasiecijfers nog weer hoger uit. Er zijn woonwijken waar euthanasie door huisartsen, gemiddeld gerekend over vijf

---

59 Stef Groenewoud, Theo Boer, Femke Atsma, Mina Arvin en Gert Westert, 'Euthanasia in the Netherlands: a claims data cross-sectional study of geographical variation', *BMJ Supportive & Palliative Care* 14 januari 2021. https://doi.org/10.1136/bmjspcare-2020-002573.

60 Vgl. Stef Groenewoud en Theo Boer, 'Onderzoek regiovariatie euthanasie met open vizier', *Medisch Contact*, najaar 2021 (geaccepteerd).

jaar, de directe oorzaak is van achttien procent van de overlijdens.[61] Daarbij betreft dit een percentage van de totale mortaliteit, dus inclusief overlijdens die plotseling plaatsvinden of waarbij de patiënt wilsonbekwaam is, en waar euthanasie dus *sowieso* geen optie is. Als we bovendien bedenken dat het hier gaat om euthanasie door huisartsen en de werkelijke euthanasiecijfers nog hoger liggen, ligt de conclusie voor de hand dat in delen van Nederland euthanasie een voorkeursoptie aan het worden is.[62]

Ook de verwachte natuurlijke levensduur van patiënten werd langer. Een belangrijk deel van die langere levensverwachting komt voort uit een stijging bij ziekten waar men niet op korte termijn aan overlijdt.

---

61 De top vijf woonwijken in Nederland, gemiddeld over de jaren 2013-2017, met per jaar minstens 30 sterfgevallen. Zie Stef Groenewoud, Theo Boer, Femke Atsma, Mina Arvin en Gert Westert, 'Huisartsen en euthanasie: een onderzoek naar regiovariatie'. *Huisarts en Wetenschap* (ingediend).

62 Van euthanasie door medisch specialisten waren in de gebruikte database geen gegevens. Op basis van meldingen die bij de RTE binnenkomen, kan worden aangenomen dat het werkelijke aantal euthanasieën daarom nog weer 18% hoger ligt. Gemeenten waar euthanasie in het geheel niet voorkwam, werden om statistische redenen niet meegeteld.

Onderliggende ziekte bij euthanasie 2002-2020[63]				
	2002		2020	
Kanker	1658	88,1%	4480	64,6%
Hart- en vaatziekten	28	1,5%	286	4,1%
Neurologie	61	3,2%	458	6,6%
Longziekten	40	2,1%	209	3%
Stapeling van ouderdoms-klachten	*		235	3,4%
Dementie	*		170	2,5%
Psychiatrie	*		68	1,3%
Combinatie van aandoe-ningen	*		846	12,3%
Anders	95	5,0%	167	2,2%
Totaal	1882	100%	6938	100%

* in die jaren niet voorgekomen/ niet bijgehouden

Volgens de Wetsevaluatie 2017 was bij acht procent van de patiënten de levensverwachting langer dan zes maanden.[64] Van deze mensen hebben sommigen een levensverwachting van enkele jaren, anderen (vooral mensen met psychiatrische en chronische aandoeningen) van

63 Regionale Toetsingscommissies Euthanasie, *Jaarverslag 2002*. Den Haag 2003; Regionale Toetsingscommissies Euthanasie, *Jaarverslag 2020*. Den Haag 2021.

64 Theo Boer, 'De derde evaluatie van de Wet Toetsing Levensbeëindiging en Hulp bij Zelfdoding: over de relatie van empirie, normativiteit en politiek'. *Tijdschrift voor Gezondheidszorg en Ethiek TGE* 27, 4 (2017), 98-104.

decennia.[65] In absolute aantallen wordt jaarlijks het leven van honderden mensen beëindigd voor wie niet het vooruitzicht te overlijden, maar juist door te leven een schrikbeeld is.

Ook de levensverwachting van mensen met een levensbedreigende aandoening nam toe. Bij deze patiëntengroep was er een tendens om euthanasie naar voren te halen: niet dagen, maar weken of maanden voordat een natuurlijke dood zou zijn ingetreden. Ook mét de beschikbare palliatieve zorg wenst men de weken of maanden van afhankelijkheid niet meer mee te maken. Bij al deze patiënten is sprake van een ander verhaal, een tweede narratief achter de euthanasiewens. In plaats van bang voor het sterven zijn zij bang voor een sterven dat niet komt en voor een leven dat duurt. In hoeverre het derde narratief – dat van een maakbaar leven en een geregisseerde dood – bij veel euthanasieën een rol speelt, en welke dan precies, zou voorwerp van onderzoek moeten zijn.

---

65 Ongepubliceerde kennis hierover heb ik op basis van ervaringen met de toetsing van 4000 meldingen.

5. Protestanten en euthanasie, een terugblik

Euthanasie in Nederland kan niet begrepen worden zonder aandacht voor de rol van protestanten.[66] Jan Hendrik van den Berg behoorde tot het vrijzinnige protestantisme en publiceerde zijn pamflet bij een orthodox-protestantse uitgeverij. Mede daardoor maakte hij met dit pleidooi ook bij protestanten school.[67] In dit hoofdstuk kijken we achtereenvolgens naar rapporten van voorlopers van de Protestantse Kerk, naar bijdragen van protestantse opiniemakers, en naar onderzoeken naar de steun van protestantse kerkleden. Ik besluit met enkele reflecties over het waarom van die steun.

Kerkelijke rapporten

Het Hervormde euthanasierapport *Euthanasie. Zin en begrenzing van het medisch handelen* uit 1972 was wereldwijd het eerste in zijn soort. Het rapport bouwt sterk voort

---

66 Rooms-katholieke posities en de rol van de Rooms-Katholieke Kerk in Nederland (die consequent tegen elke vorm van euthanasie was en blijft) laat ik hier buiten beschouwing.
67 Callenbach in Nijkerk, dat uiteindelijk opging in KokBoekencentrum.

op Van den Bergs gedachten.[68] Verantwoordelijkheid is een kernbegrip: artsen moeten overbehandeling voorkomen en lijden wegnemen, overheden en burgers moeten voorkomen dat de ouderenzorg onbetaalbaar wordt. Het rapport benadrukt de menselijke vrijheid om te beoordelen of het door God geschonken leven onder alle omstandigheden nog beschermd moet worden. Net als bij Van den Berg valt het onderscheid tussen doden en afzien van een behandeling grotendeels weg: beide gelden als een vorm van euthanasie, het een actief, het ander passief.[69]

Intussen is het rapport in theologisch-ethisch opzicht uitgesproken dun. Dat blijkt uit het feit dat op het gebod 'gij zult niet doden' nauwelijks wordt ingegaan.[70] Slechts wordt gemeld dat 'leven en dood kwalitatieve begrippen zijn' waarbij 'de kwaliteit van het leven belangrijker is dan de tijdsduur ervan'.[71] Ook wordt gesteld dat 'de Bijbel ons het recht ontzegt te berusten in een dood die ons als een zinloos noodlot overvalt'.[72] Vooruitlopend op mogelijke tegenstand vanuit de kerkelijke achterban stelt het rapport dat we 'verschillende meningen, en misschien zelfs verschillende praktijken, naast elkaar

---

68 Nederlandse Hervormde Kerk, *Euthanasie*.

69 Mogelijk heeft de afwezigheid van dit onderscheid bijgedragen aan het grote draagvlak voor euthanasie: wie zou immers willen beweren dat een patiënt te allen tijde moet worden doorbehandeld?

70 Ex. 20:13, vertaling NBG 1951.

71 Nederlandse Hervormde Kerk, *Euthanasie*, 29.

72 Ibid., 30.

moeten laten bestaan'.[73] De bescherming van menselijk leven was kennelijk een zaak geworden waarover men van mening kon verschillen.

In het gereformeerde rapport *Euthanasie en pastoraat* uit 1984 vindt een uitgebreider theologisch-ethische discussie plaats.[74] Het benadrukt de christelijke vrijheid en is kritisch over gangbare argumenten tegen euthanasie. Gods geboden, dus ook het zesde, zijn niet bedoeld om onwaardige situaties in stand te houden. Geboden zijn er voor de mens, niet andersom.[75] Het argument dat God de gever van het leven is betekent niet dat mensen lijden en ontluistering maar moeten accepteren. 'We hebben,' zo stelt het rapport, 'niet de plicht om een hel in stand te houden.'[76] Ook het argument dat een natuurlijke dood de norm zou zijn wordt ontkracht: 'De natuur is niet God.'[77] De conclusie is dat 'de beslissing het eigen leven te (laten) beëindigen onder bepaalde voorwaarden in het licht van het geloof niet onverantwoord behoeft te zijn'.[78] Baanbrekend is dat al in dit stadium euthanasie als oplossing bij psychiatrische aandoeningen wordt besproken en gebillijkt.

In het kader van de hervormd-gereformeerde samenwerking nam de hervormde synode dit rapport in 1985

---

73 Ibid., 38.
74 Gereformeerde Kerken in Nederland, *Euthanasie en pastoraat.*
75 Ibid., 22.
76 Ibid., 23.
77 Ibid., 24.
78 Ibid., 19.

over. Gezamenlijk werkte men aan een vervolgrapport met reacties. Van 270 kerkelijke gemeenten (8,7% van het totaal) werd een reactie op *Euthanasie en pastoraat* ontvangen. Daarvan was 40% instemmend, 30% afwijzend en de overige 30% had nog geen standpunt. Een aanmerkelijk, maar toch iets minder groot draagvlak dus onder 'gewone kerkleden'.

Hoewel het vervolgrapport de algemene lijn van het eerdere rapport vasthoudt, worden op enkele punten correcties gemaakt. Aansluitend bij de beslissing van de Gezondheidsraad om de term 'euthanasie' voor te behouden aan het doden op verzoek, wordt kritischer gesproken over euthanasie bij wilsonbekwamen. Voorts benadrukt het vervolgrapport dat euthanasie een uitzondering moet blijven. Er is een recht op leven, niet op sterven.[79]

Twee publicaties zijn hier ten slotte nog het vermelden waard. In *Keuzen op leven en dood* uit 1993 wordt gepleit voor begrip voor de beslissing om het leven van een ernstig gehandicapt pasgeboren of te vroeg geboren kind actief te beëindigen.[80] In de *Verklaring Samen op Weg-kerken* uit 1999 betoont de kerkleiding van de in oprichting zijnde Protestantse Kerk in Nederland zich

---

79 Ibid., 94.

80 Samen op Weg Kerken, *Keuzen op leven en dood. Pastorale vragen rond de behandeling van ernstig gehandicapte pasgeborenen.* Rapport van het Samenwerkingsorgaan van het Pastoraat van de Nederlandse Hervormde Kerk, de Gereformeerde Kerken in Nederland en de Evangelisch Lutherse Kerk in het Koninkrijk der Nederlanden. Leusden 1993.

kritisch over de aanstaande euthanasiewet.[81] Hoewel standpunten uit eerdere rapporten niet worden herroepen, wordt gesteld dat met legalisering 'een grens wordt overschreden die niet overschreden mag worden'.[82] Men voorspelt een sterke stijging van de cijfers en verwacht dat gehandicapten, chronisch zieken, en ouderen met lichamelijke en geestelijke beperkingen het nog moeilijk gaan krijgen. Politici, aldus dit rapport, zouden vooral aan betere palliatieve zorg moeten werken.

Een groep van 135 kritische predikanten beschreef deze verklaring als een 'ruk naar rechts'.[83] Inderdaad kan men zich afvragen wat de kerkleiding op dat moment bezielde: hadden haar voorgangers decennialang juist niet voor euthanasie gepleit?[84]

---

81 *Verklaring Samen op Weg-kerken*, gepubliceerd in: Frits de Lange en Jan Jans (red.), *De dood in het geding. euthanasiewetgeving en de kerken*. Kampen: Kok 2000, 17-22. Andere documenten die het vermelden waard zijn en die het uitzonderingskarakter van euthanasie benadrukken zijn: *Levensmoe: Pastoraat aan mensen op hoge leeftijd die levensmoe zijn en wachten op een natuurlijk levenseinde.* Utrecht: Samen op Weg Kerken 2003 en *Medische beslissingen rond het levenseinde: pastorale en morele overwegingen*. Utrecht: Protestantse Kerk in Nederland 2006.

82 *Verklaring Samen op Weg-kerken*, 19.

83 Cokky Van Limpt, 'De top schaadt de kerk'. *Trouw*, 5 april 2001. Vgl. Frits de Lange, 'Verschuivingen in het kerkelijk spreken. Verschuivingen in het euthanasiedebat', in: De Lange en Jans (red.), *De dood in het geding*, 46-57.

84 Voor een overzicht en analyse van rapporten van de Protestantse Kerk en haar voorgangers zie Herman Meijer, *Kerk en euthanasie: een systematisch theologische doordenking van Nederlandse kerkelijke protestantse documenten over euthanasie sinds 1972*. Masterthesis. Groningen: Protestantse Theologische Universiteit 2018.

Theologen en medici

Ook publicaties van protestantse theologen en artsen hadden invloed. Onder de eerstgenoemden is een opmerkelijke stem die van de hervormde predikant J.J. Buskes. Terwijl Buskes in 1964 nog had betoogd dat we met euthanasie 'een lijn passeren die we niet mogen passeren', prees hij later Van den Bergs moed om euthanasie op de agenda te zetten: 'In de jaren dat ik ziekenhuispastor was, heb ik gezien hoe de wreedheid van de medische macht bijna krampachtig tot het uiterste werd toegepast.'[85] Ik noemde de Groningse theoloog P.J. Roscam Abbing en zijn pleidooi voor 'verantwoord bejaardenschap'. In 1978 was Roscam Abbings Utrechtse collega Hannes de Graaf medeauteur van een NVVE-rapport over euthanasie.[86] Ook de van oorsprong protestantse ethicus Heleen Dupuis, die van 1981-1985 NVVE-voorzitter was, speelde een belangrijke rol.[87]

Iemand wiens invloed intussen nauwelijks kan worden overschat, is de synodaal gereformeerde theoloog en lid van de Gezondheidsraad Harry Kuitert. In drie opeenvolgende publicaties deconstrueerde deze meest gelezen publieke theoloog van zijn tijd de belangrijk-

---

85 Vgl. J.J. Buskes, *Waarheid en leugen aan het ziekbed*. Baarn: Ten Have 1964, 145; J.J. Buskes, 'Medische macht.' Boekbespreking van Van den Berg, *Medische macht en medische ethiek*, in: *Hervormd Nederland*, onbekend jaar (in archief van de auteur).

86 G.A. Lindeboom, *Euthanasie en Euthanasiasme*. Amsterdam: Buijten & Schipperheijn 1979, 59.

87 H.M. Dupuis, *Wat is goed voor een mens. Macht en onmacht van moraal*. Amsterdam: Balans 1987, 99vv.

ste christelijke argumenten tegen euthanasie.[88] Eerbied voor het leven betekent bijvoorbeeld niet dat mensen niet mogen beslissen om te doden, maar eerder dat ze dit niet *willekeurig* mogen doen.[89] Evenmin is de traditionele christelijke voorkeur voor een natuurlijke dood een argument tegen euthanasie: uit het feit dat sterven natuurlijk is, volgt niet dat *alleen* een natuurlijke dood is toegestaan.[90] Antropoloog Anne-Mei The beschrijft: 'Het feit dat Kuitert van oorsprong gereformeerd was, heeft bij de acceptatie van euthanasie een belangrijke rol gespeeld. Hij had veel invloed op het godsdienstige publiek en een deel van het conservatieve verzet tegen euthanasie werd daardoor gedempt.'[91] Historicus James Kennedy rekent Kuitert en Dupuis – samen met de arts en politicus Jan Muntendam en de gezondheidsjurist Henk Leenen – tot de 'euthanasie-elite' in de beginjaren tachtig.[92] Hoewel gereformeerden en hervormden destijds aan zes universiteiten theologische faculteiten

88 H.M. Kuitert, *Een gewenste dood. Euthanasie als moreel en godsdienstig probleem*. Baarn: Ten Have 1981; *Suïcide, wat is er tegen?* Baarn: Ten Have 1983; *Mag er een einde komen aan het bittere einde?* Baarn: Ten Have 1994.

89 Kuitert, *Een gewenste dood*, 84.

90 Ibid., 91.

91 Anne-Mei The, *Verlossers naast God: Dokters en euthanasie in Nederland*. Amsterdam: Thoeris 2009, 133.

92 James Kennedy, *Een weloverwogen dood. Euthanasie in Nederland*. Amsterdam: Bert Bakker, 2002, 196vv. Zie ook James Kennedy, 'Het euthanasiedebat in de kerken in historisch perspectief'. *Christen Democratische Verkenningen* 34, 2 (voorjaar 2014), 124-128.

hadden, is mij van geen van de andere ethiekhoogleraren serieuze kritiek bekend.

Binnen de artsenorganisatie KNMG speelden protestantse artsen een belangrijke rol. Een van hen was Cees van der Meer, hoogleraar interne geneeskunde aan de toenmalige gereformeerde Vrije Universiteit en oprichter van de eerste Nederlandse medisch-ethische commissie. Net als Buskes stond Van der Meer aanvankelijk kritisch tegenover euthanasie, en net als Buskes kwam ook hij vanwege het door artsen aangerichte leed tot andere gedachten.[93] In een In Memoriam beschrijft *NRC Handelsblad* Van der Meer als een 'gereformeerde wegbereider'.[94] Een andere hoofdrolspeler was de gereformeerde arts en latere hoogleraar huisartsgeneeskunde Cor Spreeuwenberg. Anne-Mei The kent Spreeuwenberg een sleutelrol toe bij het creëren van draagvlak voor euthanasie onder artsen.[95] Behalve voorzitter van de Landelijke Huisartsen Vereniging, hoofdredacteur van het artsenblad *Medisch Contact* en lid van de KNMG-commissie die richtlijnen voor euthanasie voorstelde, was Spreeuwenberg ook bestuurslid van de NVVE. Dat hij net als veel artsen euthanasie als een noodzakelijk kwaad bleef beschouwen, is in dit verband minder belangrijk. Essentieel was zijn pleidooi om dit

---

93 Kennedy, *Een weloverwogen dood*, 73.

94 Antoinette Reerink, 'Gereformeerde wegbereider van de euthanasie', *NRC Handelsblad*, 17 december 2011.

95 The, *Verlossers naast God*, 139.

noodzakelijke kwaad tot een geaccepteerde medische handeling te maken.[96]

We kunnen dus bepaald spreken van innige betrekkingen tussen protestanten en euthanasie. Niet alleen was een belangrijk deel van de protestantse opiniemakers voorstander van actieve levensbeëindiging, maar ook was een belangrijk deel van de voorstanders van euthanasie protestants. Het motorblok van de Nederlandse euthanasiebeweging bestond dus grotendeels uit het zich emanciperende protestantisme. Een van de weinige uitzonderingen was Van der Meers opleider, de internist Gerrit Arie Lindeboom, naamgever van het latere Lindeboominstituut. In zijn pamflet *Euthanasie en Euthanasiasme* uit 1980 stelde Lindeboom dat euthanasie een waardeoordeel inhoudt over leven dat 'niet levenswaard wordt geacht'.[97] Bovendien komt een euthanasieverzoek zelden van een patiënt; vaker komt het van de samenleving, de familie en van artsen.[98] Lindeboom was teleurgesteld dat 'de meest progressieve uitingen niet in het minst komen van confessionele zijde, uit de hoek der

---

96 Kennedy, *Een weloverwogen dood*, 108. Spreeuwenberg betoonde zich later niet gelukkig met verdergaande ontwikkelingen. 'Toen ik in de jaren zeventig schreef over mijn ervaringen met euthanasie, was dat *not done* binnen medische kringen. Nu behoor ik bijna bij de conservatieve groep,' in: Joost Visser, 'De relatie tussen lijden en ziekte'. *Medisch Contact* 45 (8 november 2001).

97 Lindeboom, *Euthanasie en Euthanasiasme*, 12.

98 Ibid., 45vv.

reformatorische gezindte'.[99] Daarbij doelde hij onder meer op de VU-hoogleraar Reformatorische Wijsbegeerte André Troost. Ondanks zijn behoudende opvattingen (hij verliet de Gereformeerde Kerken in 1978 uit protest over hun liberale koers) sprak Troost in 1975 zijn steun uit voor euthanasie. 'Wanneer het lijden niet verlicht, maar verzwaard dreigt te worden door het medisch handelen of niet-handelen [...] is de zogenaamde actieve euthanasie geboden, b.v. met een dodelijke injectie.'[100]

Een van de protestantse artsen die Lindebooms kritiek deelden, was Karel Gunning. Deze was in 1987 toegevoegd aan de synodewerkgroep die het vervolgrapport op *Euthanasie en pastoraat* voorbereidde, dit om enige balans tussen liberale en conservatieve opvattingen aan te brengen. Ongelukkig met het vervolgrapport voegde Gunning er een minderheidsstandpunt aan toe. Daarin wees hij op het ontbreken van een goddelijk gebod om lijdende mensen te doden, op kwaliteitsverbeteringen in de palliatieve zorg, op moeilijkheden bij het bepalen van iemands wilsbekwaamheid en op de waarde die er kan liggen in het omgaan met lijden.[101] Theoloog Jan Hoek, die om dezelfde reden aan de commissie was

---

99 Ibid., 71.

100 André Troost, 'Verstoorde moraal', in: J. Klatter *et al.* (red.), *Nederland in de Branding*. Amsterdam: Buijten & Schipperheijn 1975, 11-24, hier 17. Geciteerd in Lindeboom, *Euthanasie en euthanasiasme*, 41.

101 Karel Gunning, 'Aanvullend rapport', in: *Euthanasie en pastoraat*, 127-136.

toegevoegd, sloot zich bij dit minderheidsstandpunt niet aan.[102]

Intussen werd het echte verzet tegen euthanasie gevonden bij theologen buiten het *mainstream* protestantisme: de Kampense ethicus Jochem Douma, de Apeldoornse ethicus Willem Velema en dr. Henk Jochemsen, die in 1987 directeur was geworden van het naar Lindeboom vernoemde instituut.[103] Hoewel ook zij de ernst van door artsen veroorzaakt lijden erkenden, benadrukten ze het belang van het zesde gebod. Dat hun kritiek weinig invloed had op het discours binnen de voorlopers van de Protestantse Kerk in Nederland, is deels terug te voeren op het feit dat zij dienden aan instellingen van kerkgenootschappen die zich hadden afgescheiden.

Protestantse kerkleden en euthanasie

Al vrij vroeg lieten ook enquêtes onder kerkleden een aanzienlijke steun voor euthanasie zien. In de ontwikkeling van die cijfers sinds 1970 tekent zich de opmer-

---

102 Kort daarop verklaarde Hoek euthanasie als onverenigbaar met Gods soevereiniteit. Jan Hoek, *Leven en dood in Hoger hand.* Kampen: Kok 1988, 43.

103 Jochem Douma, *Rondom de dood.* Kampen: Van den Berg 1987; Willem Velema, *Mag ik sterven, moet ik leven? Een praktische en pastorale benadering rond de levensbeëindiging.* Zoetermeer: Boekencentrum 1987; Henk Jochemsen, 'Een ethisch perspectief', in: Paul Lieverse, Matthijs de Blois, Theo Boer en Henk Jochemsen, *Dood gewoon? Perspectieven op 35 jaar euthanasie in Nederland.* Lindeboom Reeks deel 15. Amsterdam: Buijten & Schipperheijn 2005, 103-128.

kelijke trend af dat het percentage kerkleden dat euthanasie onvoorwaardelijk steunt, afnam. Steunde in 1970 nog 38% euthanasie 'onvoorwaardelijk', in 2018 was dit percentage gedaald naar 24. Tegelijk nam het aantal voorwaardelijke voorstanders duidelijk toe: van 27% in 1970 naar 58% in 2018. Het aantal tegenstanders nam af van 27% in 1970 naar 18% in 2018.[104] Vergeleken met de Nederlandse bevolking als geheel zijn protestanten dus terughoudender, waarbij vooral het grote aandeel protestanten opvalt die euthanasie 'voorwaardelijk' kunnen billijken.

Steun voor euthanasie 1970-2018 (bron: SCP)				
	Nederlanders		Protestanten	
	1970	2018	1970	2018
onvoorwaardelijk	51%	48%	38%	24%
voorwaardelijk	26%	45%	34%	58%
afwijzend	23%	6%	27%	18%

Bij de interpretatie van deze trends dienen zich verschillende verklaringen aan. Mogelijk heeft de aanvankelijke

104 Paul Dekker, *Acceptatie van euthanasie 1970-2018*. Den Haag: SCP 2019, https://doi.org/10.13140/RG.2.2.30112.33283. Theo Boer en Stef Groenewoud, 'Dutch Reformed support for Assisted Dying in the Netherlands 1969-2019: An Analysis of the Views of Parishioners, Pastors, Opinion Makers, and Official Reports of the Protestant Church in the Netherlands'. *Journal of the Society of Christian Ethics (JSCE)* 41, 1, 125-147, https://doi.org/10.5840/jsce202161143.

steun voor euthanasie te maken met het ontbreken van een helder onderscheid tussen doden en niet-behandelen. Mogelijk, maar niet zeker: ook in die eerste jaren werd euthanasie in de enquête immers al gedefinieerd als 'het geven van een dodelijke injectie op verzoek van de patiënt'. Wellicht dat een belangrijker verklaring daarom is dat euthanasie aanvankelijk vrijwel alleen voorkwam bij stervende mensen. Uit later onderzoek naar de visie van leden van de PKN blijkt dat de steun voor euthanasie bij psychiatrie, dementie en voltooid leven aanzienlijk minder is dan bij een terminale fysieke aandoening.[105] Ten slotte lijkt ook de bredere tendens mee te spelen dat mensen bij ingewikkelde thema's sowieso al te stellige posities liever vermijden.

Protestanten waren en zijn dus over het geheel terughoudender dan Nederlandse burgers. Maar de ene protestant is de andere niet: onderzoek laat grote verschillen tussen de modaliteiten zien. Dat geldt voor gemeenteleden maar evenzeer voor predikanten.[106] Vooral

105 Wim Graafland, Stef Groenewoud, Theo Pleizier en Theo Boer, 'Protestant Parishioners, their Pastors, and Euthanasia' (submitted).

106 Theo Boer, Ronald Bolwijn, Maaike Graafland, Wim Graafland en Annemarieke van der Woude, 'Predikanten in de PKN en hun ervaringen met euthanasie'. *Kerk en Theologie* 70, 2 (april 2019), 151-172; Theo Boer, Ronald Bolwijn, Wim Graafland en Theo T.P. Pleizier, 'Euthanasia: Experiences and Dilemmas Encountered by Ministers in the Protestant Church of the Netherlands'. *International Journal of Public Theology* 14, 1 (2020), 41-67, https://doi:10.1163/15697320-12341600.

binnen de orthodoxie blijft men grote moeite houden met euthanasie. Gelovigen en pastores met een liberale danwel middenpositie stemmen in grotere mate overeen met het Nederlandse gemiddelde.

Reflecties op de steun van Nederlandse protestanten

Tussen cultuur en protestantisme bestaan in Nederland vanouds nauwe banden. Dat blijkt ook uit de rol die cultuurdragers als de NCRV, de IKON en dagblad *Trouw* speelden in het bespreekbaar maken van euthanasie. Terwijl, bijvoorbeeld langs de weg van studentenopstanden aan de universiteiten, nieuwe culturele tendensen het protestantisme binnenkwamen, kan het niet anders of de beïnvloeding ging ook in de andere richting: protestanten die de euthanasiegedachte de cultuur binnenbrachten. Op deze plek wil ik wijzen op zeven factoren die kunnen helpen om die protestantse acceptatie van euthanasie te begrijpen.

Allereerst zijn protestanten individualisten. Luther gebruikte het beeld van het priesterschap van alle gelovigen om ieder op zijn eigen verantwoordelijkheid te wijzen. Luther zelf, de andere hervormers en verlichtingsfilosofen zoals Kant benadrukten echter ook dat die persoonlijke keuzes ingebed zijn in een het individu overstijgende moraal. Pas vanaf de negentiende eeuw duidde men in de romantiek, het existentialisme en het postmodernisme die persoonlijke verantwoordelijkheid toenemend subjectivistisch. Veel protestanten volgden die trend: tegen het einde van de twintigste eeuw was de Nederlandse protestant vooral individueel verantwoordelijk, in de beschutting van de eigen God-mensrelatie en met weinig normatieve beperkingen van de gemeenschap. Groepen die wél op de noodzaak van een gedeelde moraal wezen, verlieten veelal de *mainstream* en organiseerden zich in eigen verbanden. Zo speelden protestanten een belangrijke rol bij het ontstaan van ethisch pluralisme en maakten zij een liberalere visie op euthanasie mede mogelijk. Het feit dat individuele autonomie een hoeksteen is onder het Nederlandse euthanasiedenken, is in lijn met dit protestantse denken.

Ten tweede benadrukken protestanten de vrijheid van de wet. God stem je niet gunstig door je aan regels te houden; alles is immers genade. Weliswaar namen delen van het Nederlandse protestantisme nogal eens een wettische wending, maar in de naoorlogse periode lieten velen zich inspireren door Karl Barth (bij de hervormden) en Dietrich Bonhoeffer (bij de gereformeerden) met hun nadruk op de beperkingen van onze godskennis. Daarnaast was er de uit Amerika overwaaiende situatie-ethiek van onder meer Joseph Fletcher.[107] Gods wet is gezaghebbend als altijd, maar de focus verschoof van de regel naar de vraag wat je met die regel beoogt. Draagt een handeling niet bij aan het grotere goed – en leidt bijvoorbeeld behoud van leven tot ondraaglijk lijden – dan laat het *Gebot der Stunde* het niet alleen toe dat

---

107 Joseph Fletcher, *Situation Ethics: The New Morality*. Philadelphia: Westminster 1966.

je de regel overtreedt, maar kan het dat zelfs van je vragen.[108]

Ten derde heeft het Nederlandse protestantisme weinig op met het natuurrecht. Heeft de zonde onze natuurlijke kennis van Gods bedoelingen niet vertekend? Zijn natuurlijke processen niet vaak strijdig met de belangen en het geluk van mensen? Opvallend veel protestantse publicaties over euthanasie ademen een negatieve visie op de natuur. Tegenover de 'biologisch-animale dimensie' van het leven benadrukt *Euthanasie. Zin en begrenzing* uit 1972 de religieuze en sociale dimensies.[109] Roscam Abbing noemt het beroep op de natuur een 'ernstige theologische fout'.[110] *Euthanasie en pastoraat* uit 1984 verwerpt de normativiteit van een natuurlijke dood met de woorden: 'De natuur is niet God.' Volgens Heleen Dupuis zijn redeneringen waarin de natuur als normatief uitgangspunt gekozen wordt 'tot mislukken gedoemd'.[111] Kuitert vult daarop aan dat de medische technologie dat wat ooit als 'natuurlijk' werd beschouwd, sowieso al onher-

---

108 Een dergelijke manier van denken komt terug in een hervormd rapport over abortus provocatus uit 1971. Daar kan een zwangerschapsafbreking zelfs door God geboden worden en maakt iemand zich schuldig als zij een kind wél geboren laat worden. Theo Boer en Berend Borger, 'Uit de vergetelheid: het Hervormde rapport over abortus provocatus in 1971', *Nederlands Theologisch Tijdschrift*, 70, 1 (2016), 15-30.

109 Nederlandse Hervormde Kerk, *Euthanasie*, 29.

110 Roscam Abbing, *Toegenomen verantwoordelijkheid*, 36.

111 H.M. Dupuis en P.J. Thung, *Voordelen van de twijfel. Een inleiding tot de gezondheidsethiek*, Alphen: Stafleu 1988, 49.

kenbaar heeft veranderd.[112] Als we een natuurlijke dood moeten ondergaan en het lijden niet op onnatuurlijke wijze mogen beëindigen, aldus Kuitert, waarom wijzen we dan niet ook het gebruik van pijnstillers van de hand?[113] Ook bij theologen die euthanasie afwijzen, zoals Douma, Velema en Hoek, vinden we geen pleidooien voor de normativiteit van een natuurlijke dood.

Een vierde kenmerk deelt het protestantisme met Rome: de troost van het hiernamaals. In veel protestantse geschriften speelt deze hoop een rol bij de reflectie op euthanasie. 'Wie verzadigd is van het leven,' aldus de hervormden in 1972, 'kan zijn leven teruggeven aan God en plaats maken voor anderen. [...] In geloof mag men het leggen in de hand van God, Die naar zijn belofte, om Christus' wil, de eigen identiteit ook dwars door de dood heen zal bewaren.'[114] Kuitert stelt dat we niet te veel belang moeten hechten aan dit leven: 'Waarom zouden we het iemand kwalijk nemen dat hij de angst [voor de dood] overwonnen heeft? Integendeel, daarover zouden we ons moeten verheugen en dat des te gemakkelijker als iemand bij zijn leven de Schepper heeft leren kennen en Hem eerbiedig aan het eind ervan zelf het entreebewijs teruggeeft.'[115]

Dat brengt ons bij een vijfde element: het beeld van het leven als gave van God. Dit beeld is vanouds gebruikt

---

112 Kuitert, *Een gewenste dood*, 91.
113 Ibid., 84.
114 Nederlandse Hervormde Kerk, *Euthanasie*, 31.
115 Kuitert, *Een gewenste dood*, 85.

als argument om niet in te grijpen, maar God te laten beschikken. Doordrongen van een cultuur van emancipatie (wat op zijn beurt weer iets protestants is) is de betekenis van dit beeld gaandeweg veranderd. Van een aanvankelijke focus op het leven als een geschenk van *God* (met nadruk op de gever), verschoof het naar leven als een *geschenk* van God (met de klemtoon op de gift). Deze autonome duiding van de metafoor betekent dat met het ontvangen van het geschenk het eigenaarschap daarvan in onze handen is overgegaan. Hierdoor kunnen we respectvol het toegangskaartje van het leven aan de Schepper teruggeven.

Ten zesde voelen veel protestanten zich sterk geroepen om mensen in nood te helpen. Het rooms-katholicisme is bij het uitoefenen van die barmhartigheid gebonden aan het natuurrecht: doen wat je kunt, zolang het maar niet het moedwillig doden van een medemens is. Actieve protestanten (en misschien wel vooral de voormalige synodaal-gereformeerden) stropen graag de mouwen op.[116] Zij willen iets gedaan krijgen en slagen daarin vaak wonderwel. Als blijkt dat mensen mede door medisch toedoen ondraaglijk lijden, wil de protestant dat veroorzaakte leed verhelpen.[117] Historicus Kennedy

---

116 The, *Verlossers naast God*, 107.

117 Dit verklaart wellicht ook de Nederlandse keuze voor euthanasie in plaats van hulp bij zelfdoding. Door een patiënt een dodelijke injectie te geven, misschien zelfs meer dan hem een recept te geven, toont de arts aan dat zij zich bewust is van de verantwoordelijkheid van de arts om het lijden te verlichten.

stelt dat 'zonder dit theologisch-ethische motief van medemenselijkheid in de jaren zeventig de Nederlandse acceptatie van euthanasie moeilijk is te begrijpen'.[118]

Ten slotte kan ook het calvinistische streven naar transparantie het streven naar een wettelijke regeling hebben gevoed. Een terugkerend argument in de 1990er jaren was dat levensbeëindiging dikwijls in het geniep gebeurt, met als bekend voorbeeld de ongevraagde creatieve omgang met de morfinespuit. Protestanten zijn liever open over hun handelen. Een omstreden praktijk onder juridisch toezicht brengen is een betere manier om misbruik te voorkomen. 'Zondig dapper,' zei Luther in navolging van Augustinus wanneer hij over moeilijke beslissingen sprak, en de Nederlandse protestant geeft deze openheid een eigentijdse invulling: wees transparant over je compromissen en erken je vuile handen. Deze mentaliteit heeft bijgedragen aan een politieke cultuur van transparantie die Nederland een toppositie heeft gegeven in de ranglijst van minst corrupte landen.

---

118 James Kennedy, *Een weloverwogen dood*, 115.

6. Geloof en euthanasie

Vragen over de manier waarop je omgaat met ernstig lijden, hoe lang je het nog volhoudt en welke opties je daarbij kiest, hebben existentiële en daarmee ook theologische dimensies. Ik noem zes van die theologische dimensies: innerlijke groei ook in kwetsbare levensfasen, verwachtingen over een leven na de dood, het leven als een gave van God, het gebod 'gij zult niet doden', het leven uit de doop en de deugden van hoop en geduld.

Al vergaat onze uiterlijke mens

In zijn brieven schrijft Paulus, de belangrijkste denker van het Nieuwe Testament, dat hij vurig verlangt om te sterven. Behalve dat hij ernaar verlangt om bij God te zijn, lijdt hij onder het verval van zijn lichaam als gevolg van een of meer ernstige kwalen. Des te opmerkelijker is zijn verzekering: 'Daarom verliezen wij de moed niet, maar al vervalt ook onze uiterlijke mens, nochtans wordt de innerlijke van dag tot dag vernieuwd.'[119]

Dat we fysiek gaandeweg zwakker worden is een ervaring die op den duur ieder ouder wordend mens opdoet. In de Bijbel wordt die levensfase niet geromantiseerd. De aartsvader Isaak was op hoge leeftijd zo blind

---

119 II Kor. 4:16, vertaling NBG 1951.

dat zijn zoon Jakob hem gemakkelijk de voor Esau bestemde zegen kon ontfutselen.[120] Job sterft 'oud en verzadigd van het leven', ofwel: hij kon niet meer.[121] De Prediker, niet bekend om zijn opgewekte humeur, noemt de ouderdom 'jaren waarin weinig vreugde' is.[122] Ook zelf kennen we allemaal wel mensen wier geduld, motivatie, optimisme, mildheid en wijsheid allerminst 'van dag tot dag vernieuwd' worden of werden. Bekijk maar eens een aflevering van *De rijdende rechter* of *Het familiediner*. Het kan ook onszelf overkomen. Dat we angstig, inhalig en onverzoenlijk worden. Ongetwijfeld is dat vooruitzicht voor veel mensen een belangrijke reden om vroegtijdig een waardig levenseinde te regelen. Waarom zou innerlijke aftakeling niet even voor de hand liggend zijn als fysieke?

Daar kun je levenskunst tegenover zetten en dat gebeurt ook. Een existentiële gerontologie zoals Frits de Lange bepleit, waarbij de waarde van het ouder worden wijsgerig en antropologisch wordt uitgewerkt en waar temidden van verval zowel naar winstpunten als naar berusting wordt gezocht.[123] De uitspraak van de filosoof

---

120 Gen. 27.

121 Job 42:17.

122 Pred. 12:1.

123 Frits de Lange, *Eindelijk volwassen. De wijsheid van de tweede levenshelft*. Kampen: Ten Have 2021; vgl. Theo Boer en Lieke Werkman (red.), *Theologie als wijsheidswetenschap. Reflecties bij het afscheid van prof. dr. Frits de Lange als hoogleraar ethiek aan de Protestantse Theologische Universiteit te Groningen*. Utrecht: KokBoekencentrum 2021.

Jean-Paul Sartre, 'existentie is een imperfectie', kan ons helpen om onze sterfelijkheid en aftakeling te relativeren en in kansen om te zetten. In de bergsport geldt dat de grootste uitdaging niet het halen van de top is maar het veilig kunnen afdalen. Misschien is het in het leven net zo: niet alleen leren opgaan en blinken, maar ook leren verzinken.

Binnen de christelijke gemeente is er ruimte om dit nog verder theologisch uit te werken. De uitspraak van Paulus: 'Al vervalt ook onze uiterlijke mens, nochtans wordt de innerlijke van dag tot dag vernieuwd,' is trouwens ook geen filosofische bespiegeling of de constatering van een antropologische wetmatigheid. Zij is een geloofsuitspraak, een oproep aan volgelingen van Jezus om met Gods hulp weerwerk te bieden aan verdriet over het verlies van vermogens, over onrecht ons aangedaan, aan schaamte om wat we hebben aangericht en aan angst voor wat zou kunnen komen. Vernieuwing van de innerlijke mens is geen wet van Meden en Perzen zoals de afbraak van ons lichaam dat wel is. Dus moet zij op de neergang bevochten worden; zij is een toezegging voor wie 'dag aan dag met Christus leven'.[124]

Daarmee is deze belofte ook een oproep tot positief denken nog ruim voordat de nood aan de man is. Net zoals het verstandig is om een slipcursus te volgen nog voordat het gaat vriezen, wil je al in je goede dagen dagelijks met Jezus leven. In één opzicht lijkt dit leven met Jezus dus op het vroegtijdig regelen van een wilsverkla-

---

124 Lied 146c, *Liedboek 2013*.

ring. Je wilt voorbereid zijn voor het geval er kwade dagen aanbreken.[125] Je dát realiseren maakt het, als het dan zover is, misschien makkelijker om je verval te relativeren. Wie zijn handen nog kan vouwen, is nooit alleen.

Een toekomst met God

Voor gelovigen duidt 'eind goed' echter niet in eerste instantie op de goede dood maar op de eeuwige schuilplaats die zij vinden bij God. Voor Paulus is het vooruitzicht van een eeuwig leven een krachtbron om het vol te houden. 'Ik ben ervan overtuigd dat het lijden van deze tijd in geen verhouding staat tot de luister die ons in de toekomst zal worden geopenbaard.'[126] Het geloof in de opstanding is voor hem geen bonus op geloven maar een wezenlijk onderdeel ervan. 'Als wij alleen voor dit leven op Christus hopen, zijn wij de beklagenswaardigste mensen die er zijn.'[127] In zowel godsdienstige als in iets meer seculiere vorm geeft deze overtuiging troost aan wie gaan sterven of die daaromheen staan. Denk aan het geloof in een hemel, aan een weerzien met geliefden, aan de ontmoeting met onze Schepper en met Jezus, de Heer. 'Veilig in Jezus' armen' beschouw ik als een van de meest ontroerende teksten boven een rouwbericht, want hij symboliseert liefde en geborgenheid, als een kind dat in de rokken van zijn moeder vlucht.

---

125 Vgl. de gelijkenis van de wijze en de dwaze maagden in Mat. 25:1-13.

126 Rom. 8:18.

127 I Kor. 15:19.

Wat wij ons bij dat 'thuiskomen' preciezer moeten voorstellen, is moeilijk in woorden te vatten. En als die voorstellingen al bestaan, is het verstandig ze te relativeren als beschrijvingen van mensen die aan tijd, plaats en materie gebonden zijn. 'Omhoog kijken in platland' – spreken over een dimensie waarvan je vermoedt en hoopt dat die bestaat maar die je niet kent – blijft speculeren.[128] Maar dat beelden over thuiskomen troost kunnen bieden rond een overlijden, staat buiten kijf.

Maar hoe functioneert die hoop theologisch-ethisch? Laten we drie opties onderscheiden. De eerste is: hoop op een eeuwige schuilplaats bij God helpt ons door moeilijke tijden heen, hetzij om het vol te houden, hetzij om een aanstaand sterven getroost tegemoet te zien. In dit geval troost het vooruitzicht op een hiernamaals ons zonder dat het op ons handelen invloed heeft. De tweede is: hoop op een hiernamaals helpt om ons minder krampachtig aan dit leven vast te houden en schept ruimte om af te zien van een levensverlengende behandeling. Dit is hoe je Kuiterts woorden zou kunnen interpreteren als hij spreekt van het overwinnen van de angst voor de dood.[129] Denk ook aan Augustinus als deze het heeft over de dood die 'van elders komt'.[130]

---

128 Vgl. Cees Dekker, René van Woudenberg en Gijsbert van den Brink (red.), *Omhoog kijken in platland. Over geloven in de wetenschap*. Kampen: Ten Have 2007.

129 Kuitert, *Een gewenste dood*, 85.

130 Augustinus, *De civitate Dei* en p. 39 in dit boek.

De derde en meest vergaande optie is wanneer die hoop gaat dienen als een argument om de dood actief naderbij te brengen. Een voorbeeld zien we bij de Amerikaanse theoloog Daniel Maguire. 'Voor een christen en voor iedereen die in een hiernamaals gelooft,' aldus Maguire, 'betekent "het leven beëindigen" niet het leven beëindigen, maar doorgaan naar een nieuw leven. [...] Dit lijkt het voor een christen gemakkelijker te maken om de dood als een vriend te zien.'[131] In de NPO-documentaire *Levenseindekliniek* zegt een honderdjarige dame vlak voor haar euthanasie dat ze naar haar onlangs overleden zoon toe gaat.[132] Natuurlijk gaat het bij euthanasie altijd om een samenstel van redenen: wie zegt uit te zien naar het hiernamaals of naar de ontmoeting met een geliefde lijdt doorgaans ook ernstig aan het leven. En dat het geloof kan helpen om de dood niet langer weg te duwen is ook van alle eeuwen. Maar godsdienstige argumenten aanvoeren om het eigen leven actief te beëindigen is historisch uniek. En hoe invoelbaar die redenen ook kunnen zijn, theologisch zijn zij om meer dan één reden problematisch.[133]

---

131 Daniel Maguire, *Death by Choice*. New York, Garden City: Doubleday 1984, 129-130.

132 Kema en Ouddeken, *Levenseindekliniek*.

133 Vgl. Beatrice de Graaf, *Heilige strijd. Het verlangen naar veiligheid en het einde van het kwaad*. Utrecht: Boekencentrum 2017, 110vv. John Howard Yoder, *The Politics of Jesus: Vicit Agnus Noster*. Grand Rapids: Eerdmans 1972, i.h.b. hoofdstuk 4, 'God Will Fight for Us'.

Het leven als gave

Dat God ons tot leven riep, tot dít leven, met dit karakter en deze talenten, is een cadeau. Dat begint al met teksten op geboortekaartjes: 'gave', 'God schonk', 'dankbaar'. Wie spreekt over een geschenk doet dat doorgaans met dankbaarheid: je bent iemand erkentelijk die lekker voor je kookt, je complimenteert, je een schuld kwijtscheldt, je een kus geeft of een cadeau voor je meebrengt.

Nu kun je natuurlijk ook zonder persoonlijke gever dankbaar zijn: voor die mooie zonsondergang, voor gezondheid, voor kinderen die je krijgt. Maar als we daar geen persoonlijke afzender achter vermoeden, betekent dankbaarheid vaak weinig meer dan dat we boffen, dat we niets hebben hoeven doen voor het geluk dat ons toevalt en dat het ook minder gunstig had kunnen aflopen. In de regel veronderstelt dankbaarheid echter wel een afzender en bij dankbaarheid voor het *leven* kom je al snel bij God uit die ons schiep en ondersteunt.[134]

In het verleden heeft de gavemetafoor gefunctioneerd als argument om ons stervensuur aan God over te laten. Over iets wat God geeft, beschikt de mens niet. Recent vinden we het beeld van de gave juist terug in pleidooien *voor* euthanasie. In de documentaire *Regie over eigen leven en sterven* zegt de echtgenote van een patiënt die weldra euthanasie zal krijgen: 'We hebben er met de dominee over gepraat en die zei: u hebt het leven

---

134 Vgl. Theo Boer en Angela Roothaan (red.), *Gegeven. Ethische essays over het leven als gave*. Zoetermeer: Boekencentrum 2003.

van God gekregen, u mag het ook weer teruggeven.'[135] In een uitzending van *Jacobine op 2* komt een gezond ogend ouder echtpaar aan het woord met een pleidooi voor een voltooid leven-pil. 'Nu wij 87 jaar zijn geworden,' zeggen zij in een brief, 'vragen we ons af of we niet het recht hebben om aan het eind van een voldaan leven dit leven weer in de handen te leggen van Hem die ons geschapen heeft.'[136] Ze zijn mogelijk mede geïnspireerd door Kuiterts eerdere woorden over het teruggeven van het entreebewijs voor het leven.

De Amerikaanse filosofe Margaret Papst Battin stelt dat 'als het leven echt een gave van God is aan het individu, die persoon het recht heeft om ermee te doen zoals zij dat zelf wenst'.[137] De Franse rooms-katholieke geestelijke Jacques Pohier drukt zich het meest radicaal uit: 'God geeft aan mensen niet slechts een gedeeltelijke vrijheid om zichzelf een "eigen domein" voor te behouden. Het is bijna blasfemisch om te denken dat God ons het leven heeft gegeven zonder dat we erover mogen beschikken, ten goede of ten kwade, volgens ons eigen oordeel.'[138] Hoe verschillend geschakeerd ook,

---

135 Hof, *Regie over eigen leven en sterven.*

136 KRO/NCRV, *Geloof en euthanasie: gaat dat samen?* Hilversum 2020, https://kro-ncrv.nl/euthanasie.

137 M.P. Battin, 'Prohibition and Invitation: The Paradox of Religious Views about Suicide', in: *The Least Worst Death: Essays in Bioethics on the End of Life*. New York en Oxford: Oxford University Press 1994, 217.

138 M. Horwitz, 'L'euthanasie en débat', in: *Actualité Religieuse dans le monde* 119 (15 februari 1994), 26.

autonomie vormt in al deze pleidooien een belangrijke rode draad.

Een heel andere manier om de gavemetafoor te gebruiken vinden we bij de Canadese anglicaan Eric Beresford. Beresford was aanvankelijk een tegenstander van euthanasie maar kwam rond 2015 tot een andere visie. Hij motiveert die overstap met een uitleg van de woorden van Jezus: 'Vraag en er zal je gegeven worden, zoek en je zult vinden. [...] Wie vraagt ontvangt, en wie zoekt vindt. [...] Welke vader onder jullie zou zijn kind, als het om een vis vraagt, in plaats van een vis een slang geven? Of een schorpioen, als het om een ei vraagt?'[139] Tegen mensen die op basis hiervan beweren dat je je leven niet mag beëindigen, is Beresford scherp: 'Welke God zou van ons verlangen dat we vasthouden aan een gave die zo ontegenzeglijk toxisch voor ons is geworden? [...] De gave is schadelijk geworden. Wie van u zou van iemand verlangen dat hij een vis aanneemt die een slang is geworden? Wat zeggen we over God als die van ons verlangt dat we aan de gift blijven vasthouden, hoe giftig die ook is geworden?'[140] Hier is niet autonomie maar de schadelijk geworden gave het motief. Denk ook aan het 'in stand houden van een hel' in *Euthanasie en pastoraat.*

---

139 Luc. 11:9-12.

140 Eric Beresford, 'In the Midst of Life: Ethical and Pastoral Challenges of MAiD for Ministry'. Inleiding op het symposium *Medical Assistance in Dying: A Theological Consultation For Canadian Anglicans*, London Ontario, 29 november 2019 (geluidsopname bij auteur).

Los van exegetische en wat mij betreft eigenlijk ook wel emotionele bezwaren[141] kleeft er aan al deze wijzen van omgang met het leven een wijsgerig bezwaar. Want waar we ons normaliter bij een cadeau een gever en een ontvanger voorstellen, vallen die twee ingeval van het leven samen. Als God een mens maakt, bestaat er niet al iemand die het in ontvangst kan nemen. De mens ìs de gift. Schenken is hier gelijk aan scheppen. De gave beoordelen en haar al dan niet aannemen is alleen empirisch al een onmogelijkheid: nog ver voordat we tot enige vorm van appreciatie van de gift in staat zijn, zijn we al in leven. En wie de gave vervolgens teniet doet, doet zichzelf teniet. Dat is wat anders dan het ontvangen of teruggeven van een vaas of een erfenis.

Bij deze pleidooien valt de antropomorfe hermeneutiek van de gavemetafoor dus rauw uit de theologische toon. Liberale noties die vanzelf spreken tussen mensen worden met eenzelfde vanzelfsprekendheid op de God-mensrelatie losgelaten. De autonome mens heeft de vrijheid om dingen te doen en te laten en de vrijheid om dingen aan te nemen en te weigeren. Van medische behandelingen, cadeaus en erfenissen tot vriendschapsverzoeken en avances. Plaatst een cadeau je in een afhankelijkheidsrelatie tot een ander? Suggereert het dat je niet voor jezelf kunt zorgen? Komt het niet overeen met jouw perceptie van wat bij je past? Wees dan kritisch en over-

---

141 Met 'gave' bedoelt Lucas de Heilige Geest, in de parallelle tekst spreekt Matteüs over 'het goede'. De vraag is of iets heiligs en goeds dat God geeft, giftig zou kunnen worden.

weeg om het af te slaan. Terwijl het in de huidige tijd dus gaat om wat ik vind en wat bij mij past, blijkt het cadeau van het leven juist mijn autonomie te relativeren. Of het nu mijn huidskleur, mijn ouders, mijn geboorteplaats, mijn moedertaal, elk van mijn 20.000 genen of nog iets anders betreft: ik heb er niets over te zeggen gehad.

Behalve autonomie is er de moderne notie van eigenaarschap. Een eenmaal ontvangen geschenk behoort normaliter aan de ontvanger. Het is uit het bezit van de gever in dat van de ontvanger overgegaan. Vaak proberen we bij cadeaus respectvol met de gever om te gaan. Maar er is weinig tegen wanneer we er uiteindelijk naar eigen goeddunken mee omgaan, het opmaken, verbrassen, weggooien of in de weggeefhoek zetten. Eens gegeven blijft gegeven. 'Erover mogen beschikken, ten goede of ten kwade, volgens ons eigen oordeel.'[142]

Deze noties over autonomie en eigenaarschap zijn onlosmakelijk verbonden met respectvol verkeer tussen vrije mensen. De ene mens moet niet over de ander willen heersen – ook op het punt van euthanasie trouwens niet. Autonomie, zo Kuitert, is een begrip waar we onze rechten tegenover andere mensen mee veiligstellen. Maar op de God-mensrelatie is het begrip niet overdraagbaar.[143]

---

142 Horwitz, 'L'euthanasie en débat'.

143 Kuitert, *Een gewenste dood*, 68: '[het gaat] in het recht op zelfbeschikking niet [...] om het zelf willen beschikken tegenover God die de eigenlijke Beschikker is, maar om zelfbeschikking tegenover anderen die over mij willen beschikken.'

De vraag is dus wat een verwijzing naar 'God als gever van het leven' voor verschil maakt voor onze omgang ermee. Ik zou zeggen: alles. Volgens de Amerikaanse ethicus James M. Gustafson laat het geloof in God geen enkel element van ons denken en geen enkele relatie onveranderd. Als we 'God' zeggen, doen we meer dan een personage aan ons verhaal toevoegen – ouders, geliefden, vrienden, kinderen, buren, de overheid, en nu dus ook God. God die achteraan mag aansluiten of eventueel op de eretribune mag plaatsnemen.[144]

Natuurlijk bestaan er theologieën waarin God een personage in een narratief is, vergelijkbaar met Roodkapje, Sinterklaas en Harry Potter (maar dan betekenisvoller), met de functie om te troosten, te begrijpen, richting te geven en te activeren. Zeker: God is altijd óók een gedachtenconstruct. Ook, maar niet helemaal. Dus al klopt er maar iets van dat God de oorzaak is van de *Big Bang*, dat God elk van de twee biljoen melkwegstelsels in zijn hand houdt en tegelijkertijd al mijn haren geteld heeft, als het waar is dat de toekomst van het universum bij God in veilige handen is, welnu: dan vraagt dat een onnavolgbare manier van omgaan met de gave. In plaats van een focus op het leven als *gave* van God – met een nadruk op het nieuwverworven eigenaarschap van het autonome individu – is het zinniger om het leven vooral te zien als een gave van *God*, met een focus op de gever. En daarbij ligt het voor de

---

144 James M. Gustafson, *Say Something Theological!* Chicago: Nora and Edward Ryerson Lecture 1981.

hand om er zo mee om te gaan dat dit als het ware 'in de geest van de Gever is'.

Welnu, wat is 'omgaan met de gave zoals God dat bedoelt'? Als het is zoals Pabst Battin en Pohier betogen, namelijk dat God mensen uitdrukkelijk het mandaat schonk om over het eigen leven te beschikken – welnu, dan moeten we dát doen. Denk ook aan Bonhoeffers theologie van de menselijke mondigheid die ons van godswege toevalt.[145] Dan kan euthanasie een respectvolle respons zijn op het gavekarakter van het leven. Maar hebben wij dat mandaat?

Het nut van geboden

Geboden regelen het mandaat dat we hebben. Maar de gebodsethiek die een bijbelse ethiek ontegenzeglijk ook is, wordt nogal eens verkeerd begrepen. Volgens Calvijn functioneren de geboden binnen de kerk als een 'leefregel der dankbaarheid'. Joden kennen het feest van de Vreugde der Wet en de langste psalm van de hele Bijbel, Psalm 119, is een lofzang op de geboden.

De gedachte achter al die waardering voor de geboden is dat zij ons speelveld niet beperken maar dit juist vergroten. Denk aan het grasveld op een van de steile kliffen aan de Engelse zuidkust. Groepen jongeren speelden er voetbal maar waren voortdurend op hun hoede om te dicht bij de rand te komen. Totdat op enig moment

---

145 Dietrich Bonhoeffer, *Ethik*. Zusammengestellt und herausgegeben von Eberhard Bethge. München: Chr. Kaiser Verlag 1985, 181.

het dorpsbestuur een hek bovenaan de klif plaatste. Vanaf dat moment was het speelveld van de jongeren groter en veiliger. Wat door de ene bril een beperking van je autonomie lijkt, is anders bekeken het toekomstbestendig maken van die autonomie. Als het goed is, helpen de geboden ons om gezonder, gelukkiger, langer en vrijer te leven.

Toch hebben geboden behalve een weldadige functie ook altijd een weerbarstig karakter. Zij beschrijven in veel gevallen namelijk niet wat we toch al deden maar voorzien dat alles van kritische noten. Dat geldt overigens voor elk gebod. Het gebod 'niet echtbreken' is niet geschreven voor mensen met voortreffelijke huwelijken; het gebod 'niet stelen' is niet bedoeld voor mensen die voldoende hebben van alles wat ze nodig hebben; en het gebod 'eer je vader en je moeder' is niet bedoeld voor kinderen met heel leuke ouders. Elk van die geboden gaat pas echt werken in omstandigheden die ons nopen om ze te overtreden: een slecht huwelijk, penibele leefomstandigheden, onuitstaanbare ouders. Zo is ook het verbod om te doden niet geschreven voor mensen voor wie doden het laatste is wat ze zouden doen. Ook dit gebod is bedoeld voor situaties waarin het verbodene alleszins voor de hand ligt. Een tandeloos gebod is een overbodig gebod.

Maar de evangeliën dan? Is het Nieuwe Testament niet juist een correctie op het oudtestamentische gebodsdenken? Denk aan de manier waarop Jezus tegen een groep omstanders bij een op overspel betrapte vrouw zegt: 'Wie van jullie zonder zonde is, laat die als eerste een steen naar haar werpen.'[146] Het is een populaire opvatting dat Jezus de geboden omvormt tot een gezindheidsethiek of een situatie-ethiek: bedoel het steeds goed, heb lief, en zorg dat je met je handelen zoveel mogelijk geluk tot stand brengt.

Maar wat Jezus in dit verhaal en andere verhalen doet, is niet de geboden opheffen. In het verhaal van de overspelige vrouw zegt Hij, als iedereen is afgedropen: 'Ga naar huis, en zondig vanaf nu niet meer.'[147] Niet het gebod wordt gerelativeerd, maar de strafmaat. De inhoud van de geboden wordt juist aangescherpt: niet alleen niet moorden, maar ook niet schelden; niet alleen niet echtbreken, maar ook niet flirten; niet alleen geen valse eden zweren, maar überhaupt gewoon altijd waarachtig zijn; niet alleen aalmoezen geven, maar je halve bezit weggeven.[148]

Daarmee legt Jezus de bedoeling van de geboden bloot, en die is dat we goede mensen worden die uit de liefde leven. Het liberale protestantisme heeft daaruit geconcludeerd dat mondige christenen de ruimte hebben om de geboden op het ene moment wel en op het andere niet te volgen. Ik bewandel de weg in omgekeerde richting en wil juist een lans breken voor eerherstel voor de hoekigheid van de geboden.

---

146 Joh. 8:7.
147 Joh. 8:11.
148 Mat. 5:22, 28, 33.

De lezer van dit essay zou kunnen zeggen: 'Waarom zoveel aandacht voor de dood en daarbinnen voor die ene manier van sterven? Zijn er geen belangrijker morele vraagstukken? En als je het dan wilt hebben over sterven, waarom dan de focus op euthanasie?' Welnu: dit essay is feitelijk een poging om de aandacht juist weer van euthanasie af te leiden. Een pleidooi om het is-gelijk-teken tussen waardig sterven en actieve levensbeëindiging weg te halen. Actieve levensbeëindiging is, als je het goed bekijkt, een noodlottige versmalling, omdat een 'goede dood' veel breder is dan wat wij er tegenwoordig van maken. En op zijn beurt is 'eind goed' weer breder dan een goed sterven. Want het bestaan houdt voor de gelovige niet op bij het sterven. Een goed einde heb je wanneer je in leven en in sterven aan Christus toebehoort.

Het zesde gebod

Gelovigen kunnen voor wat betreft hun eigen denken over euthanasie niet om het bijbelse gebod om niet te doden heen. Natuurlijk zijn er theologen geweest die dit verbod vertaalden als 'een ander mens niet tegen zijn wil doden'. De NBV vertaalt Exodus 20:13 met 'pleeg geen moord'. In de geschiedenis concludeerden velen dat het gebod niet van toepassing was op oorlogssituaties en op de doodstraf. Dat mag kloppen – inderdaad is soms een uitzondering nodig om het leven te beschermen –, maar door de eeuwen heen is de mainstream visie in de Kerk de overtuiging geweest dat het gebod 'gij zult niet doden' wel degelijk ook van toepassing is op jezelf.[149]

Dat laatste is des te belangrijker omdat ook de Bijbel erkent dat er soms goede redenen zijn om dood te willen. Denk aan de depressieve profeet Elia ('Het is genoeg geweest Heer, neem mijn leven'),[150] aan de stokoude Simeon ('Nu laat u, Heer, uw dienaar in vrede heengaan')[151] of aan Paulus ('Ik verlang ernaar te sterven en bij Christus te zijn, want dat is het allerbeste').[152] In de vertellingen over het verschrikkelijke lijden van Job wordt zijn echtgenote aangehaald die zegt: 'Waarom blijf je zo onberispelijk? Vervloek God toch en sterf.' Waarop Job antwoordt: 'Je woorden zijn de woorden van een dwaas. Al het goede aanvaarden we van God, zouden we dan het kwade niet aanvaarden?'[153]

Terwijl al deze mensen verlangden om te sterven maar de beslissing daarover aan God overlieten, bevat de Bijbel ook verhalen van zelfdodingen. Belangrijk in zowel pastoraal als ethisch opzicht is dat in geen daarvan die keuze wordt veroordeeld: er is vooral oog voor

---

149 Ex. 20:13. Uit de verhalen over zelfdoding in het Oude Testament blijkt dat men het nemen van het eigen leven wel degelijk als een ongewenste daad beschouwde. Voor een hedendaagse rooms-katholieke resp. protestants-christelijke visie op hulp bij zelfdoding, zie Richard A. Mccormick, 'Physician-Assited Suicide: Flight from Compassion', in: Stephen E. Lammers en Allen Verhey (red.), *On Moral Medicine: Theological Perspectives in Medical Ethics*. Second edition. Grand Rapids: Eerdmans 1998, 668-671; Stanley Hauerwas, 'Rational Suicide and Reasons for Living', in: Lammers en Verhey (red.), *On Moral Medicine*, 671-678.

150 I Kon. 19:4.

151 Luc. 2:29.

152 Fil. 1:23.

153 Job 2:9-10.

de tragiek van die daad.[154] Tegelijkertijd wordt die tragische keuze nooit goedgepraat of afgeleid uit een recht op zelfdoding. Noch in de christelijke noch in de joodse tradities bij de uitleg van de Bijbel komt naar voren dat zelfdoding een uitdrukking kan zijn van een recht, of als het plausibele resultaat van een morele afweging. De kerkvader Augustinus wijst erop dat wij nergens in de Bijbel een aanwijzing vinden dat zelfdoding geoorloofd of geboden zou zijn.[155] Thomas van Aquino stelt over zelfdoding dat het onder alle omstandigheden fout is: er zijn geen uitzonderingen.[156] Hoewel er op dit punt ook afwijkingen zijn te noemen, is de dominante visie in de traditie dat er geen recht bestaat om het eigen leven te beëindigen. Wie die traditie serieus neemt, komt om het 'hoekige' van het verbod op doden niet heen. Dat betekent dat euthanasie voor christenen nooit tot een normale optie zal kunnen worden. Uitzonderingen zullen er altijd zijn maar heffen de regel niet op.

Tegelijk moet worden erkend dat hier nadrukkelijk

---

154 Eerverlies bij Abimelek (Recht. 9), Achitofel (II Sam. 17) en Zimri (I Kon. 16), verzet tegen Gods gezalfde bij Saul (I Sam. 31), wroeging bij Judas (Mat. 27:5).

155 *De Civitate Dei* in de Engelse vertaling van Henry Bettenson, ed. David Knowles, Harmondsworth: Penguin 1972, X.7. Overigens gaat Augustinus in zijn verhandeling niet in op wanhoop als aanleiding voor zelfdoding. De context waarin hij zelfdoding afwijst is wanneer deze verdedigd wordt vanuit de intentie om daarmee zondigen te voorkomen, bijvoorbeeld omdat men door vijanden gedwongen kan worden zijn geloof of zijn kuisheid op te geven. Het nemen van het eigen leven is namelijk de grotere zonde. Ibid., X.13.

156 *Summa Theologica*, I-IL Q64, Art 5.

sprake is van een theologische aanname. 'Wie echt niet meer kunnen leven, helpt ook het gebod dat zij moeten leven niet meer verder, maar alleen een nieuwe geest,' aldus Bonhoeffer.[157] Dat is enerzijds een oproep tot gebed, anderzijds een erkenning dat sommige mensen zich daadwerkelijk op een doodlopende weg kunnen bevinden. Erkenning van het gebod mag ons niet blind maken voor de realiteit van tragiek.

Leven uit de doop

Hierboven beschreef ik de visie van Eric Beresford op euthanasie: het leven aan God teruggeven omdat het toxisch geworden is. Een anglicaanse collega, Lizette Larson-Miller, hoogleraar liturgiestudies in London, Ontario, kiest een heel andere insteek. Net als De Kruijf denkt ook Larson tweemaal. Als burger respecteert zij de legalisering van euthanasie in haar land. Maar voor een gelovig mens is 'het leven teruggeven' geen optie, en dat heeft te maken met de doop. Vanaf het moment dat iemand gedoopt is, is hij niet langer eigendom van zichzelf. 'Ikzelf leef niet meer, maar Christus leeft in mij.'[158] Larson benadrukt dat wanneer wij door de doop Christus toebehoren, dit niet slechts een deel van onszelf is (namelijk onze ziel of ons geestelijk leven) maar ons hele

---

157 Bonhoeffer, *Ethik*, 181.

158 Gal. 5:20, Lizette Larson-Miller, 'In the Midst of Death We Are in Life: Baptismal Living and Dying in Christ'. Inleiding op het symposium *Medical Assistance in Dying: A Theological Consultation For Canadian Anglicans*, London Ontario, 29 november 2019. Lezing in archief auteur.

zijn, dus ook fysiek.[159] Het omgekeerde van toxisch dus. 'Als we met Christus bekleed worden, worden we met de hele Christus bekleed; zijn incarnatie, zijn leven, zijn lijden, zijn dood, zijn opstanding, zijn hemelvaart en zijn verheerlijking. Dit bekleed worden met alle aspecten van Christus is transformerend; de doop verandert ons leven daadwerkelijk.' Dat legt beperkingen op aan wat we met ons lichaam mogen en willen doen maar betekent ook een belofte van troost.

Dit alles is volgens Larson geen reden om lijden niet serieus te nemen. 'De paradox van lijden in de christelijke leer is altijd dat er krachtig tegen moet worden gevochten, maar dat het, als het onvermijdelijk is, moet worden geïnterpreteerd als iets dat betekenis heeft.'

Geduld, ook in het lijden

Veel mensen zijn bekend met de zevenvoudige deugdencatalogus uit de geschiedenis. Behalve vier filosofische deugden – verstandigheid, matigheid, dapperheid en rechtvaardigheid – zijn er de theologische deugden geloof, hoop en liefde. Minder bekend is een andere deugd die in de eerste eeuwen van de Kerk een cruciale rol in het leven van christenen speelde: de *patientia*, de lijdzaamheid. Dat deze deugd in de vergetelheid raakte is misschien te verklaren doordat gelovigen, naarmate het christendom steeds belangrijker werd, minder hoefden te dulden. En dit terwijl de Kerk de eerste drie, vier eeuwen van haar be-

159 Zij verwijst hierbij naar Richard Hooker, *Of the Laws of Ecclesiastical Polity*, ed. and trans. Philip B. Secor, vol. 5. London: SPCK 2003, 213.

staan niet zou hebben overleefd als de *patientia* niet zo'n centrale plaats had ingenomen. Klappen incasseren was haar *core business*. Niet terugslaan, maar vergeven. Niet opgeven, maar volhouden. Aan de wereld getuigen over de hoop die in je leeft. En dat alles in de overtuiging dat naarmate je dat allemaal vaker doet, het je gemakkelijker afgaat en het een deel van je habitus wordt.

Een deugd is dus geen karaktertrek waarmee je wordt geboren, maar iets wat je op je eigen weerstanden bevochten hebt. Interessant is dat de lijdzaamheid wel wordt geschaard onder de deugd van de dapperheid. Zoals dapperheid de overwinning is op je angst, zo vormt lijdzaamheid de overwinning op onrust en ongeduld.[160] Ze stelt mensen in staat om moedig en vol vertrouwen te blijven, ook als dat langdurig van ze wordt gevraagd.

Er is met het onderliggende werkwoord *patior* iets bijzonders: het is een passivum. Grammaticaal gesproken lijd ik niet, maar word ik geleden ('passus sum'). Dulden is het zich ontwikkelende vermogen om niét actief te zijn en om dingen, als dat niet anders kan, te laten gebeuren. Een geduldig mens is iemand die het kwaad dat hij om wat voor reden ook niet kan ontlopen, met berusting en vertrouwen ondergaat, zodat hij er niet buitensporig terneergeslagen van raakt. En die wijze van dulden geldt als een vorm van dapperheid.[161]

Maar voor die dapperheid is hoop nodig en hoop is

---

160 Theo Boer en Stef Groenewoud, *Vroegchristelijke denkers en hedendaagse morele zorgdilemma's*. Den Haag: ZonMw 2011.

161 J. Delany, 'Prudence', in: *The Catholic Encyclopedia*. New York: Robert Appleton Company 1911.

schaars. In *De goddelijke komedie* van Dante staat boven de hel met grote letters: 'Laat varen alle hoop gij die hier binnentreedt.' In een wereld vol negativiteit en cynisme komt hoop niet vanzelf. Er bestaat een 'gebod van de hoop', zoals Coen Constandse dit in zijn studie over Friedrich-Wilhelm Marquardt uitdrukt.[162]

Het christelijk geloof is geen mooiweergeloof, een geloof dat je ervan verzekert dat ziekte en ellende je pad niet zullen kruisen. Wie zo in het leven staan, vinden in hun godsgeloof bij tegenslagen een vijand in plaats van een steun. Wat Paulus zegt als hij stelt dat 'ons innerlijke bestaan van dag tot dag wordt vernieuwd' is dit: wie met Christus leeft, takelt wel degelijk ook af,[163] krijgt ziekten, ongelukken en gaat dood, en dat overkomt ook zijn geliefden. Maar het leven van wie dag aan dag met Christus leven, vernieuwt zich ook in het aangezicht van de dood – niet dankzij henzelf maar dankzij degene aan wie ze zich vastklampen. Als wijnranken verbonden met de wijnstok. Harry Kuitert zei eens: 'Vriendschap met de eeuwige God is eeuwige vriendschap.'[164] In wie ouder of ziek worden ligt een waarde die door neergang niet kán worden aangetast, want hij wordt geborgd bij en door God.

Die zekerheid en die hoop geven het gebod 'gij zult

---

162 Coen Constandse, *Het gebod van de hoop. Een bijdrage aan het debat over eschatologie en ethiek vanuit het werk van F.-W. Marquardt.* Delft: Eburon 2009.

163 II Kor. 4:16.

164 H.M. Kuitert, *Het algemeen betwijfeld christelijk geloof. Een herziening.* Baarn: Ten Have 1992, 245.

niet doden' zijn geloofwaardigheid. Ongetwijfeld vragen sommigen zich af hoe opportuun het beroep op een gebod is in een context waarin niet het moeten maar het troosten, niet het verkondigen maar het begrijpen aan de orde is. Zowel Barth als Bonhoeffer houdt gebod en troost echter dicht bij elkaar. In theologische taal: de geboden zijn alleen maar mogelijk dankzij de genade: 'Je kúnt het, en daarom gebiedt God het'; 'Je hebt het niet nodig en daarom mag het niet.' Het ultieme argument tegen de zelfgekozen dood is uiteindelijk dan ook geen gebod maar een belofte. Het is niet: je moet leven, maar: je mag leven, aldus Barth.[165] Het zal je lukken. Waar God mensen normen aanreikt, kan het niet anders of Hij zelf is het die mensen door hun leven heen bijstaat.

---

165 Karl Barth, *Kirchliche Dogmatik*, III/4, 463.

7. Hoe verder?

Na dit theologische excurs nog enkele woorden over de Nederlandse euthanasiediscussie. De euthanasiecijfers in Nederland stijgen en aan de stijging is nog geen einde gekomen. Het lijden dat aan een euthanasieverzoek ten grondslag ligt, verplaatste zich gaandeweg van angst voor het sterven naar angst om door te leven. Daarnaast doet ook het motief van het zelf geregisseerde levenseinde opgeld.

Vanuit meta-ethisch perspectief is er nog een andere ontwikkeling: het ethische debat droogt op. De Nederlandse *mainstream* visie dat de legalisatie van euthanasie een culturele sprong voorwaarts is, heeft iets triomfalistisch gekregen. Nederland ging er een nieuwe fase van de beschaving mee in; landen die dit nog niet hebben gedaan, zullen spoedig volgen; bovendien is op de uitvoering van euthanasie in Nederland – enkele leermomenten bij artsen en de RTE daargelaten – weinig aan te merken.

Nu is scepsis over kritische stemmen kenmerkend voor elke culturele paradigmawisseling. Als na een langdurig afwegingsproces een praktijk eindelijk legaal is geworden, is het alsof een bladzijde wordt omgeslagen. Als zoiets eenmaal zijn beslag heeft gekregen, willen we voorwaarts en discussies niet overdoen. 'De triomf van

dader kan worden: één onzorgvuldigheid en een medische handeling wordt een delict. Die strafbaarstelling mag dan juridisch nuttig zijn, ethisch lokt zij bij dokters, patiënten en hun naasten een defensieve reflex uit.

Het is dan ook winst dat de Hoge Raad in april 2020 in zijn oordeel in de 'koffiezaak' vaststelde dat als een arts niet aan alle voorwaarden heeft voldaan, dit niet automatisch betekent dat hem of haar 'moord' ten laste kan worden gelegd. Het zou winst zijn als we zouden afspreken dat de integriteit van artsen, de zorgvuldigheid van hun handelen en de goede intenties van patienten en hun familie niet ter discussie staan. Het gaat mij in dit essay niet om de juridische zorgvuldigheid van euthanasie, maar om de ethische en maatschappelijke dimensies. Om diezelfde reden bepleit ik dat we de bestaande wet- en regelgeving over langere tijd ongewijzigd laten. Alleen zonder het schrikbeeld van een wetswijziging – inperkingen of verruimingen, afhankelijk van het perspectief dat je hebt – kan er op een open wijze over euthanasie gesproken worden. Ik ken prominente liberalen die ongelukkig zijn met de ontwikkeling van de euthanasiepraktijk maar dit vanwege partijpolitieke overwegingen liever voor zich houden, net zoals ik doorgewinterde confessionelen ken die zich bij euthanasie alles kunnen voorstellen.

Een debat over euthanasie moet dus nadrukkelijker een ethischer en vrijer karakter krijgen. Een jurist mag dan aan het eind van de dag tevreden zijn als is vastgesteld dat een bepaalde euthanasie wel of niet conform de wet was, ethici daarentegen hebben mede tot taak om te ontregelen. Zij hebben een mandaat tot complexiteitsintensivering.[169] Wie euthanasie beschouwen als 'dat weten we nu wel' dichten haar een 'ondraaglijke lichtheid' toe. In plaats daarvan is het beter om te streven naar een draaglijke zwaarte. Laten we het ons bij euthanasie vooral moeilijk maken.[170] Dat is geen teken dat er iets in Nederland niet deugt; juist de afwezigheid van een maatschappelijk debat is reden tot zorg. Doden op verzoek, hoeveel goede redenen daarvoor ook zijn, zal blijvend voor discussies, moeilijke afwegingen en gewetensconflicten moeten zorgen.

Intussen blijft actieve levensbeëindiging in Nederland terrein winnen. Bovenop het stijgende aantal meldingen zijn er ook gevallen van actieve levensbeëindiging die niet gemeld worden.[171] Scheidend directeur Steven Pleiter van het Expertisecentrum Euthanasie zei

---

169 Ethicus Frans Vosman bepleitte in sommige gevallen complexiteitsreductie. Tijdens een webinar over geestelijke verzorging sprak de Tilburgse onderzoeker geestelijke verzorging Sjaak Körver op 15 maart 2021 juist over de noodzaak van complexiteitsintensivering.

170 Van de Wier, 'Rinus Otte: euthanasie moet een tobberig thema blijven'.

171 Een geschatte 200 gevallen van levensbeëindiging niet op verzoek en ongeveer 1200 gevallen, wel op verzoek, die zich in een grijze zone bevinden. Denkbaar is dat het hier deels om niet geïndiceerde of verkeerd begrepen gevallen van palliatieve sedatie gaat. B.D. Onwuteaka-Philipsen, J. Legemaate, A. van der Heide en J.J.M. van Delden, *Derde evaluatie Wet toetsing levensbeëindiging op verzoek en hulp bij zelfdoding*. Den Haag: ZonMw 2017.

bij zijn vertrek in september 2020 een verdere verdubbeling van de aantallen te verwachten.[172] Ontwikkelingen in de regiovariatie van euthanasie laten inderdaad zien dat laag-incidentieregio's bezig zijn een inhaalslag te maken: het aantal gebieden met 'nul' euthanasieën nam af en in gebieden met een lage incidentie bewoog die zich langzaam in de richting van de hoog-incidentieregio's. Als dit klopt, betekent dit dat de stijging inderdaad nog niet ten einde is.

De medische betrokkenheid van dokters bij het levenseinde is in Nederland hoog en stijgt nog verder. Wereldwijd behoren we tot de landen met het hoogste percentage palliatieve sedaties. Discussies zijn gaande over levensbeëindiging bij kinderen onder de twaalf jaar, bij patiënten met gevorderde dementie en bij mensen met een voltooid leven. De vraag is of het daarbij zal blijven. Naarmate we euthanasie wenselijker en waardiger gaan vinden – vooraf te plannen, geen zorgafhankelijkheid, geen zinloos lijden en ook geen zorg die steeds moeilijker op te brengen is – wordt de vraag actueler waarom we dit niet ook aan anderen gunnen. Wilsbekwame mensen hebben geboft met het voorrecht om een verzoek tot waardig sterven te kunnen doen. De mensen die niet meer wilsbekwaam zijn, boffen als ze een wilsverklaring hebben opgesteld. Ernstig lijdende kinderen die nooit wilsbekwaam zijn geweest, boffen omdat er geliefden zijn die een euthanasieverzoek voor hen doen.

172 Marten van de Wier, 'Steven Pleiter: "Ik ben enorm trots op de euthanasiewet, die is geniaal".' *Trouw*, 11 september 2020.

De grote vraag is: hoe lang duurt het voordat we het als een vorm van discriminatie zien dat mensen die niet om euthanasie kunnen vragen, dit gezegende levenseinde moeten ontberen? Mensen van wie wij misschien kunnen vaststellen dat ze veel ernstiger lijden dan anderen die wél euthanasie krijgen? Mensen van wie wij zeker weten dat ze euthanasie gewild zouden hebben, maar die dat nooit op schrift hebben gesteld? Mensen die dit nooit op schrift hebben gesteld omdat ze dat niet kunnen, maar die, als ze wilsbekwaam waren geweest, ongetwijfeld om dat waardige einde hadden gevraagd? Daarmee zijn we, langs de weg van de 'vrijwillige euthanasie', alsnog dicht bij levensbeëindiging niet op verzoek.

Van het argument 'dit zal nooit gebeuren, we zijn er immers zelf bij' ben ik inmiddels niet meer onder de indruk, evenmin als van het argument dat wie vraagtekens plaatsen, onruststokers zijn. Wie de *Verklaring van de Samen op Weg-kerken* uit 1999 leest, ziet daarin dat woorden die destijds als retoriek werden afgedaan, achteraf een opmerkelijk profetisch gehalte hadden.[173] Wat blijkt namelijk? Niet alleen stuurt een cultuur op een eu-

---

173 Een voorbeeld uit die verklaring: 'Is hierbij niet het reële gevaar dat de wetgever niet alleen volgt wat er in de samenleving plaatsvindt, maar daarmee ook de vraag naar euthanasie stimuleert?' (*Verklaring Samen op Weg-kerken*, 21). Men vreest dat onverschilligheid en desinteresse zich meester maken van een gehele cultuur en dat idealen van gezondheid en vitaliteit zorgen voor een afnemende acceptatie van handicaps, chronische ziekten en aftakeling. Ook voorziet men dat op termijn een lang tevoren opgestelde wilsverklaring gaat heersen over het huidige leven van een wilsonbekwame patiënt waardoor 'de beschikking over

thanasiewet aan, maar ook creëert een eenmaal gerealiseerde euthanasiewet op zijn beurt nieuwe realiteiten. Alsof er een bladzijde wordt omgeslagen. Net zoals de luchtvaart onze hele opvatting en beleving van afstand, reizen, toerisme, handel en economie op zijn kop heeft gezet, blijkt de mogelijkheid van euthanasie onze hele visie op kwetsbaarheid, afhankelijkheid en sterfelijkheid te beïnvloeden.

Al in 1951 waarschuwde de Amerikaanse presbyteriaan John Sutherland Bonnell voor een ongewenste ontwikkeling wanneer euthanasie wordt toegestaan bij terminale ziekten van wilsbekwame mensen. 'Ieder weldenkend mens,' aldus Sutherland Bonnell, 'moet beseffen dat als het principe van euthanasie eenmaal is erkend, de toepassing ervan vrijwel zeker zal worden uitgebreid tot nieuwe groepen.'[174] Het wachten in Nederland is op een overheid, een Openbaar Ministerie, een Wetsevaluatie en een RTE die zeggen: 'Hier trekken wij de lijn. De rek is eruit.' Zolang dat niet is gebeurd en wij nog steeds aan het verkennen zijn welk verborgen potentieel de Wtl ook nu nog biedt, is euthanasie in Nederland behalve een verworvenheid ook een reden tot alertheid.

---

het eigen leven [wordt] vastgeketend aan een vroeger inzicht (dat wellicht niet meer gedeeld wordt) en afhankelijk [wordt] van gevoelens van familieleden of verplegend personeel'.

174 John Sutherland Bonnell, 'The Sanctity of Human Life', in: Francis P. Furlong, *Conflicting Protestant Views on Euthanasia. The Linacre Quarterly*, 1951, 194-201, hier 195.

8. Nawoord

Een essay over het einde: ik begon er met aarzeling aan en zet er met aarzeling een punt achter. Wat weet ik er nu van? Hoewel ik verschillende overlijdens heb meegemaakt en voor een RTE de nodige meldingen bekeek, heb ik geen idee hoe ik zelf ooit aan mijn einde zal komen. Als het anders gaat dan ik mij voorstel, ben ik vast de enige niet. Een assertieve, dierbare collega die gespecialiseerd was in het gezondheidsrecht, stierf zelf met ondermaatse palliatieve zorg. Van rouwdeskundige Elisabeth Kübler-Ross is bekend dat zij rond haar eigen sterven weinig profijt had van de door haarzelf ontwikkelde theorie over de vijf stadia van rouw.[175] Niemand is expert over zijn eigen sterven, hoe zorgvuldig je er ook over denkt; laat staan over dat van anderen. Uit de bundel *Leven met euthanasie* blijkt dat ook euthanasie lang niet altijd is wat iemand zelf of zijn nabestaanden zich daarbij hadden voorgesteld.

Zoveel is namelijk zeker: niemand is een ervaringsdeskundige waar het over de dood gaat. Niet voor niets eindigt elk Weesgegroet met de bede dat Maria voor ons

---

175 Don Lattin, 'Expert On Death Faces Her Own Death: Kubler-Ross now questions her life's work', *SFGate*, 31 mei 1997, https://bit.ly/2WtAIkV.

mag bidden *nunc et in hora nostris mortae*. Niet voor niets wordt menig dagelijks gebed besloten met de bede dat God ons *eine ruhige Nacht und ein heiliges Ende* zal geven. Je wéét het niet, en te denken dat je het wel weet, is een trotse en tragische misvatting.

Maar krachtens zijn etymologie mag een essay ook een probeersel zijn. Onder die vooropmerking heb ik mijn gedachten aan het papier toevertrouwd: ik kan er ook naast zitten. In de bijzaken, maar misschien ook bij de hoofdzaken. Misschien schat ik het hellend vlak te negatief in en loopt een gelegaliseerde euthanasiepraktijk helemaal niet uit de hand. Het kan ook zijn dat ik op het punt van de normatieve ethiek, nader beschouwd de christelijke, de plank missla. Dit soort twijfels horen er maar liever bij. De Amerikaanse ethicus James M. Gustafson, overleden op 15 januari 2021, noemt het in twijfel trekken van je eigen visie zelfs als kenmerk van de christelijke ethiek.[176] Ik hoop dat ik zelf genoeg van die genade heb ontvangen.

176 James M. Gustafson, *An Examined Faith: The Grace of Self-Doubt*. Minneapolis: Fortress 2004.

Lijst van termen en afkortingen

Expertisecentrum Euthanasie: een Stichting opgericht in 2012 om patiënten die bij hun eigen arts geen euthanasie krijgen, via landelijk werkende teams euthanasie te geven

Levenseindekliniek: tot voor 2019 de naam van het Expertisecentrum Euthanasie

NVVE: Nederlandse Vereniging voor een Vrijwillig Levenseinde (voorheen Euthanasie)

OM: Openbaar Ministerie, ook openbaar aanklager genoemd

Palliatieve zorg: zorg gericht op het verlichten van symptomen

PKN: Protestantse Kerk in Nederland, met 1,8 miljoen leden (2019) het grootste protestantse kerkgenootschap in Nederland

RTE: Regionale Toetsingscommissie(s) Euthanasie. Vijf van deze commissies, bestaande uit een jurist, een arts en een ethicus, beoordelen of een gemelde euthanasie voldoet aan de eisen van de wet

SoW-kerken: een voorlopig samenwerkingsverband van de Nederlandse Hervormde Kerk, de Gereformeerde Kerken in Nederland en de Evangelisch-Lutherse Kerk in het Koninkrijk der Nederlanden dat per 1 mei 2004 leidde tot de vorming van de Protestantse Kerk in Nederland

SCEN: Steun en Consultatie Euthanasie Nederland

SCEN-arts: een onafhankelijke tweede arts die beoordeelt of een voorgenomen euthanasie voldoet aan de criteria van de wet en de richtlijnen van de RTE

Wetsevaluatie: een in de Wtl vastgelegde vijfjaarlijkse evaluatie van de Euthanasiewet

Wtl: Wet Toetsing Levensbeëindiging op Verzoek en Hulp bij Zelfdoding ('Euthanasiewet')

Uitgezonderd twee zijn alle bijbelcitaten in deze uitgave afkomstig uit de Nieuwe Bijbelvertaling (NBV) van 2004.

Alle websites in deze uitgave bezocht op 1 september 2021.

Alle vertalingen van Engelse, Duitse en Franse teksten door de auteur.

Om privacyredenen zijn van sommige narratieven enkele niet-essentiële details veranderd.

Ik dank de synode van de Protestantse Kerk in Nederland voor de eervolle uitnodiging om dit essay te schrijven. Ds. Annemarieke van der Woude dank ik voor haar meelezen met dit essay. Ook anderen die delen van dit essay hebben meegelezen wil ik van harte bedanken. Dr. Stef Groenewoud en drs. Wim Graafland ben ik erkentelijk voor hun bijdragen aan de in dit essay aangehaalde onderzoeksthema's.

morele revoluties is dat ze eindigen in aanvaarding en in vanzelfsprekendheid,' aldus Stephan Sanders.[166]

Daarbij heeft Nederland als eerste land dat euthanasie legaliseerde een reputatie hoog te houden. Een euthanasie wordt vooraf door minstens één SCEN-arts kritisch en onafhankelijk bekeken, wordt achteraf aan een commissie gemeld die alle stukken nog eens doorneemt, de commissies brengen jaarlijks jaarverslagen uit en plaatsen voorbeeldoordelen op internet en elke paar jaar vinden er wetsevaluaties plaats. Nederland kan bogen op de met stip best gemonitorde euthanasiepraktijk wereldwijd. Kom daar maar eens aan.

Ongenoegen over kritische vragen heeft ongetwijfeld ook te maken met het feit dat euthanasie in het Wetboek van Strafrecht is blijven staan.[167] Op zich is dat goed: een samenleving die die naam verdient, is gebaat bij een taboe op doden. De Belgische filosoof Willem Lemmens noemt euthanasie een *transgressional act*, een handeling die per definitie grenzen overschrijdt.[168] Maar wat lastig is en blijft, is dat een arts die een euthanasie niet volgens de regelen der kunst verricht, van dokter zomaar opeens

---

166 Stephan Sanders, '20 jaar homohuwelijk. "Het homo-zijn was een roeping".' *Trouw*, 20 maart 2021.

167 Frissen, *Staat en taboe*.

168 Willem Lemmens, 'When Conscience Wavers. Some Reflections on the Normalization of Euthanasia in Belgium', in: Timothy Devos (red.), *Euthanasia: Searching for the Full Story. Experiences and Insights of Belgian Doctors and Nurses.* Cham (Zwitserland): Springer 2021, 25-37, https://doi.org/10.1007/978-3-030-56795-8_3.